中国农业保险保障分析与评价

张　峭　王　克　宋建国　等著

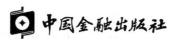
中国金融出版社

责任编辑：张怡姮
责任校对：张志文
责任印制：张也男

图书在版编目（CIP）数据

中国农业保险保障分析与评价／张峭，王克，宋建国等著．—北京：中国金融出版社，2020.12

ISBN 978 - 7 - 5220 - 0905 - 6

Ⅰ．①中…　Ⅱ．①张…　②王…　③宋…　Ⅲ．①农业保险—社会保障—研究—中国　Ⅳ．① F842.66

中国版本图书馆 CIP 数据核字（2020）第 221257 号

中国农业保险保障分析与评价

ZHONGGUO NONGYE BAOXIAN BAOZHANG FENXI YU PINGJIA

出版
发行　**中国金融出版社**

社址　北京市丰台区益泽路 2 号
市场开发部　（010）66024766，63805472，63439533（传真）
网 上 书 店　http：//www.chinafph.com
　　　　　　（010）66024766，63372837（传真）
读者服务部　（010）66070833，62568380
邮编　100071
经销　新华书店
印刷　保利达印务有限公司
尺寸　185 毫米×260 毫米
印张　16.75
字数　252 千
版次　2020 年 12 月第 1 版
印次　2020 年 12 月第 1 次印刷
定价　86.00 元
ISBN 978 - 7 - 5220 - 0905 - 6
如出现印装错误本社负责调换　联系电话(010)63263947

致　谢

本书是集体智慧的结晶，是《中国农业保险保障研究报告（2019）》课题组全体成员努力的结果，成果得之不易。课题组在近一年的研究过程中遇到了许多困难，不得不数次变更研究的思路和框架，但在全体成员的共同努力和辛苦付出下，在各界领导、专家和朋友的支持和帮助下，课题组终于在规定的时间完成了这篇具有较高质量的研究报告和学术著作。在全书完成及发布之时，特此对课题组全体成员以及在课题研究过程中给予支持和帮助的领导专家，表示最诚挚的感谢！

本书著者暨《中国农业保险保障研究报告2019》课题组成员包括：

张　峭　组　长　中国农业科学院农业信息研究所研究员

王　克　副组长　中国农业科学院农业信息研究所副研究员

宋建国　副组长　太安农业保险研究院执行院长

李　越　成　员　中国农业科学院农业信息研究所副研究员

张　夏　成　员　中国农业科学院农业信息研究所助理研究员

何小伟　成　员　对外经济贸易大学保险学院副教授

王月琴　成　员　中国农业科学院农业信息研究所博士研究生

王　丹　成　员　中国农业科学院农业信息研究所硕士研究生

柳　晔　成　员　中国农业科学院农业信息研究所硕士研究生

陈香忆　成　员　中国农业科学院农业信息研究所硕士研究生

石　践　成　员　太安农业保险研究院副院长

陈元良　成　员　太安农业保险研究院副院长

徐兆伟　成　员　太安农业保险研究院综合部经理

李　烈　成　员　太安农业保险研究院政策研究部副总经理

胡德雄　成　员　太安农业保险研究院创新项目部副总经理

宋淑婷　成　员　太安农业保险研究院政策研究部总经理助理

本书著者首先要对原中央农村工作领导小组副组长袁纯清书记表示最诚挚的感谢，这是因为袁书记担任了《中国农业保险保障研究报告(2019)》课题组总顾问，在报告研究过程中，袁书记不仅给予了重要的指导，还组织召开了多轮由政府官员和专家、学者组成的成果咨询与评审会，极大提升了研究报告的质量和水平，对袁书记的关心、指导和帮助再次表示衷心的感谢。

其次，课题研究过程中还得到了中央农办李文明处长，银保监会毛利恒处长、单言女士，财政部姜华东处长、张宝海同志以及农业农村部王胜处长的指导和大力支持，对他们尤其是李文明处长和毛利恒处长给予的帮助表示最诚挚的谢意。感谢首都经贸大学庹国柱教授、农业农村部农村经济中心龙文军研究员以及瑞士再保险亚太区农业保险负责人何兴龙先生对本书早期版本提出的修改意见和建议。

最后，在本书及其前身《中国农业保险保障研究报告（2019）》的研究过程中还得到了我们团队赵思健博士的协助，丁春燕博士协助对全文图表与数字进行了校对，对他们的贡献表示感谢。但需要说明的是，本书中所有观点是著者在研究基础上作出的独立判断，文责自负，与各位领导、指导专家及其供职单位无关。

序（一）

——用理论创新推动农业保险高质量发展

2019 年 7 月，太安农业保险研究院邀请我主持其重大课题——《中国农业保险保障研究报告（2019）》（以下简称《报告》）的成果讨论和审定会议。在会上，我提出将《报告》进行压缩，先拿出 2 万字的简版进行发布，2020 年再将《报告》全稿结集出版的建议，得到了课题主持人张峭研究员和项目资助方宋建国院长的认可。当时的主要想法是报告应言简意赅，便于送相关中央领导同志、相关国家部委以及省市区有关负责同志阅览，以求尽快供有关领导和相关部门研判农业保险发展形势、制定出台政策提供参考。实际的结果是，《报告》引起了相关领导同志的高度重视，不少省市区结合《报告》的数据和政策建议审视了当地的农业保险工作，加大了农业保险工作的力度。多半年后的今天，在收到课题组送来的厚厚书稿之后，我发现课题组不仅对《报告》简版进行了大幅扩充，而且对研究的框架体系、分析的逻辑脉络进行了完善，并附上了除西藏自治区外我国 30 个省（自治区、直辖市）农业保险、种植业保险、畜牧业保险以及 13 个具体品种保险的风险保障图表，使整个报告不仅具有工作参考价值，还具有重要的学术价值（未包括港澳台，下同）。因此，张峭研究员请我为这本书作序，我欣然同意。我乐意向农业保险相关的研究者、工作者推荐这本著作，并将我对本书以及我国农业保险的一些体验和大家分享。我主要表达三个观点：

第一，农业保险是新时期国家支农的重要手段，是提高农业发展韧性、推动现代农业发展和乡村全面振兴的重要保障，应该高度重视、充分运用好。

农业是国民经济的基础，是关系国计民生的基础产业。保持农业的稳定持续发展、实现农业现代化，不仅是补上我国"四化同步"短板、全面打赢脱贫攻坚战、确保全面建成小康社会和乡村振兴战略目标如期实现的客观要求，也是党和政府在各种风险挑战面前保持战略定力的底气所在，正如习近平总书记强调的"越是面对风险挑战，越要稳住农业"。尽管新中国成立以来我国农业科技和基础设施建设取得了长足进展，但和工业不同，农业在某种程度上讲仍是一个"靠天吃饭"的高风险产业，不仅受到洪涝冰雹干旱等重大自然灾害的影响，随着农产品市场化程度的加大，农业也越来越受到市场价格波动风险的冲击，所以要稳住和发展农业，离不开国家对农业的支持和保护。在我国政府支持保护农业的各种举措措施中，在未来一段时期应该特别注重风险管理和金融保险手段的运用。这是因为：从全球看，从政府直接补贴向更加注重风险管理的间接补贴转变是全球农业支持政策演变的一条普遍路径，世界贸易组织农业协议对国内支持的上限规定也要求我国转变农业支持方式，从"黄箱政策"转为"绿箱政策"；从国内看，我国政府对农业的传统支持方式（如灾害救济、临时收储、最低收购价），要么因效率不高受到质疑，要么因过度干预造成市场机制扭曲，缺乏市场活力和产业竞争力。

第二，为农业产业提供更高更为全面的风险保障是农业保险的初心和使命，从风险保障视角研究、分析和评价我国农业保险发展水平具有新意，应该长期坚持。

2018 年，我在人民出版社出版了《让保险走进农民》一书。之所以取这个名字，是想强调农业保险要姓农，要面向农民、服务农民、惠及农民。张峭研究员及其团队完成的这本著作从农业产业的风险保障需求视角出发，以数据为基础，全面系统深入地对 2008 年以来我国农业保险发展情况进行了量化分析和评价，我认为具有非常重要的意义，这有利于各级政府、学术界和保险业界准确认知我国农业保险发展的真实水平，知道我们现在处于什么位置，这对于促进农业保险高质量发展无疑是非常有价值的。除了研究视角的创新外，作者还从农业保险保障的水平、效率和贡献三个方面，提出并构建了分析评价农业保险发展水平的理论分析框架，在三大类九个指标中，每一个指标都能够独自刻画和反映某一方面的经济问题，同时这些指标又具有高度的逻辑自洽性，综合使用还能够揭示和解析许多长期困扰我们的问题。我认为这个设计是很精巧的，和传统的保险深度、保险密度指标相比更具有价值。例如，近年来我国农业保险"三虚"问题非常突出，农业保险理赔不规范、协议赔付的问题，大家在调研中或多或少都有感受，但没有可靠的论据，而本书作者通过农业保险的受益率和单均赔付额的相互关系，不仅发现和验证了我国农业保险赔付方面存在的不规范问题，还揭示了我国农业保险理赔方面的一些趋势性特征，非常具有参考价值。总之，我认为从风险保障视角分析和评价农业保险是抓住了农业保险的本质特征，现实意义重大。希望张峭研究员及其团队坚持这方面的研究，也希望国内其他学者利用好本书提供的数据图表资源，研究更多更好的成果，发挥理论研究在农业保险高质量发展道路上的先行引导作用。

第三，农业保险的高质量发展离不开理论研究的指导，学界需要开展高质量的研究，产出更好的成果，政府也要秉持开放共享理念，开放数据给学界，这样才能形成理论和实践互促互进的良好局面。

2019 年 5 月 29 日，习近平总书记主持中央全面深化改革委员会第八次会议，审议通过了《关于加快农业保险高质量发展的指导意见》。如此高规格的会议专题审议讨论农业保险工作，对未来我国农业保险发展提出明确要求，足可见党中央和国务院对我国农业保险工作的重视。实践中，我国农业保险保费收入自 2007 年以来保持着年均 20% 以上的高速增长，保险覆盖面逐年增加，险种数量增多，成绩喜人，成就显著，但存在的问题也不少，许多问题需要研究、总结、梳理、聚焦。例如，农业保险和国民经济、农业经济发展的关系是什么？政府支持农业保险的力度和方式怎样才更具效力？为什么有些农业大省经济强省，其农业保险发展水平却相对靠后？过去一段时间各地纷纷创新农业保险产品，开展了大灾保险、完全成本保险、收入保险、指数保险、保险＋期货、"农业保险＋"等多种试点，这些试点和创新有没有形成可复制可推广的一般经验呢？还有，目前关于农业保险的市场竞争和招投标管理讨论很热烈，各界都在期盼中央出台一个统一的农业保险市场秩序和招投标管理办法。另外，政府在我国农业保险发展中应该发挥哪些作用？边界在什么地方？政府应该如何管理和监管农业保险市场？这些问题都需要进一步的深入研究。但高校科研机构等学术界目前具有较大价值的研究成果还不够。当然，由于我国农业保险实践的时间并不长以及数据等方面的欠缺，理论研究一时跟不上实践发展的需要可以理解，但学术界应该迎头赶上，注重基础理论研究，对过去十多年我国农业保险快速发展的经验和问题进行深入分析、系统梳理和全面总结，提出一些规律性和普适性的遵循原理和中国农业保险理论，为新时期我国农业保险的顶层设计、制度建设和高质量发展提供支撑。要实现这一目标，各级政府部门也责无旁贷，要深入贯彻落实国务院《促进大数据发展行动纲要》，加快构建中国农业保险大数据平台，秉持数据开放共享的理念，向科研工作者公开相关数据，为他们的高质量研究提供充足的"子弹"、营造良好的环境，共同推动农业保险的理论研究和创新，推动我国农业保险的高质量发展。

　　以此为序。

袁纯清

原中国农村工作领导小组副组长

2020 年 5 月 26 日

序（二）

近两年，中国农科院农业信息研究所和太安农业保险研究院合作，深入研究我国农业保险的发展和保障水平，取得了喜人的成果。这本《中国农业保险保障分析与评价》就是其重要成果之一。

我们都了解，中国农业保险这十多年来发展迅猛，农险保险在我国乡村振兴和打赢扶贫攻坚战的国家"三农"发展战略实施中发挥了重要的作用，受到越来越多的农户的欢迎，也得到政府的认可。中央和各级政府对农业保险政策及其推行越来越重视，投入的财政资金越来越多。如何认识农业保险目前的发展状况、量度农业保险的保障水平、评价农业保险的实施效率，这是保险界和各级政府都很关注的事。这些问题就是这本《中国农业保险保障分析与评价》所讨论的主题。

（一）

衡量一个国家和地区的保险发展水平，通常使用的指标是保险密度和保险深度。保险密度就是人均保险费多少，保险深度就是保险费收入在GDP里所占比重。这两个指标其实也可以用来评价农业保险。但是它不能让我们更详细地了解农业保险发展水平，特别是其发展的结构性状况，也就不便于有针对性地采取改进措施。张峭及其团队在《中国农业保险保障水平研究报告》中，首次提出衡量一国一地"农业保险保障水平"的概念和指标，并进一步将这个指标分解为"保障广度"和"保障深度"两个指标，根据这个指标体系，我们易于考察农业保险的实际发展结构现状和水平。在这本《中国农业保险保障分析与评价》里，我们高兴地发现，他们在"保障水平"的研究基础上，进一步设计出"保障效率"和"保障贡献"两类指标，提出了"保障水平""保障效率"和"保障贡献""三位一体"的农业保险风险保障评价框架，构建了三大类9个指标构成的评价指标体系，可以全面客观地反映当前我国农业保险核心功能的发挥程度，这对农业保险研究是一个重要的创新和贡献，为我们全面了解和评价农业保险政策的综合效果和效率提供了极大方便。作者们根据其指标体系对全国和各省的农业保险发展现状进行了多视角分析，并编制了详尽的图表，这不仅有助于中央有关部门了解全国农业保险发展全貌，了解中国农业保险发展水平与其他国家发展水平的一般差异和结构性差异，也为各省了解本地发展现状以及与其他省份之间的差异之所在，提供了很好的工具。

（二）

除了上述贡献外，本书的一些分析结论也值得重视和关注。例如，根据本书的分析，我国农业保险的保障深度不仅大大低于发达国家，而且也低于印度、土耳其、菲律宾等发展中国家，这一点给我们提供了更多的思考空间。本书作者进行国际比较不是目的，这种比较本身也并不说明问题，因为各国的国情不同。问题是通过这种比较和分析，探讨其间的内在矛盾，就会发现，目前我国的保险产品所提供的保障水平，特别是保障深度，很难解决农业灾害之后的充分补偿问题，无法满足农业简单再生产和扩大再生产的需要，这与我们建立农业保险制度的目标还有较大距离。其实这是一个讨论了很长时间的问题，对其的具体分析使我们有了进一步的感受。

种植业赔付的平均化倾向问题，也是本书分析的突出问题之一。一般财产保险、农业保险，发生损失是小概率事件，之所以花一块钱最多可以获得一万元赔偿，甚至十万元的赔偿，那是因为这种保险标的损失的概率就是万分之一、十万分之一甚至更低。农业保险的损失发生概率比一般财产保险高一些，因为风险的系统性问题，赔付面会高于一般财产保险。但是，在高参与率的条件下，从全国来看，损失事件发生依然应该是小概率事件，案均赔款占保额较高比例才是正常的。而该书的分析结论表明，目前的种植业保险的"高受益率、低赔付额"现象值得关注。根据其研究分析，2008—2012 年，种植业保险平均受益率约为 23.23%，而相应的单位保费赔付额仅为 2.22 元；2013—2017 年种植业保险平均受益率约为 12.22%，相应的单位保费赔付额为 5.51 元。2018 年种植业保险赔付状况依然延续了前述特征，受益率和单位保费赔付额分别为 15.77%、4.76 元。这就是说，将近 16% 的投保农户都得到了赔款，这个比例在 2019 年进一步提高到31.07%（不包括林业保险）①。即使按照亩均保额 255 元（2019 年）计算，也只有保险金额的 12.9%。这种高赔付面、低赔付额的平均化倾向，不应该是农业保险的正常状态，也不是农业保险想要达到的风险保障目的，所以也就失去了哪怕是成本保障的意义。这个问题非常需要深入思考和研究。该书在总体分析的基础上，根据粮食、油料、糖料、纤维作物等在这方面的不同特点还分别做了细致分析。本书为了进一步说明问题，还将中国农业保险的赔付波动情况与其他国家进行了比较，与美国、加拿大、日本、印度、土耳其、菲律宾等国相比，我们的灾害损失在与其他国家无明显差异条件下，我们的赔付波动率小于所有国家。

　　赔付平均化现象有多种根源，本书指出原因之一就是农业保险的赔付在不少地方存在比较严重的"人为干预"现象，致使大灾小赔。且政府支持力度越大的品种、保险赔付数据的真实性越差。这就是我们一直诟病的"协议赔付""酒桌理赔"问题。除此之外，也跟农民自缴 20% 保费问题有关。有的地方为了争取更多农户投保，私下里承诺给农民返还保费，而返还自然只能是通过假赔案或者"防灾防损费"的方式实施，没灾也有赔款不是个别现象。这种情况下，"受益率"必然提高。还有，目前的产品形态大多数是所谓"成本保险"，而成本保险又采取根据作物生长阶段，分阶段计算赔付，在生长期间发生灾害损失，只赔保险金额的一定比例，这种在全球独一无二的、貌似公平其实有违保险精算原则的赔付设计，也是造成普遍赔付标准很低的原因之一。这个产品形态问题也需要做深入研究。

---

　　① 2019 年的数据是我根据有关数据计算的。

（三）

本书是两个研究机构合作的产物。中国农科院农业信息研究所是我国目前最大的农业保险研究基地，太安农业保险研究院是一家在工商管理部门注册，有企业背景的独立的民间研究机构，这两个各具优势的农业保险研究机构的合作，应该说是农业保险界一件值得高兴的事。他们的合作对于更紧密地将理论与实践相结合，更准确地了解农业保险中急需解决的问题，更快地将农业保险研究成果在实践中应用和推广，促进成果转化，加快中国农业保险的发展具有重要意义。

我国的政策性农业保险制度建立不过十多年，无论理论研究还是实践时间都还很短，经营经验不足，数据积累有限，研究人员也不多，研究成果还难以满足制度建设和经营实践发展的需要。据我所知，有的国家专门从事农业风险和农业保险研究的专业人员就有数百人，每年的研究成果也很多，所以其法律制度和政策调整得很及时，经营实践的发展也很快。我国农业保险制度的完善和政策的调整也必须依赖于科学研究，有了政、产、学、研的结合，有更多像中国农科院与太安民间研究机构的这种合作，我们的理论研究成果会更多更丰富一些，农业保险制度完善才会更快一些，我们的农业保险也才会有高质量的发展成就。

庹国柱

2020 年 6 月于北京

前　言

　　农业保险作为分散转移农业风险、稳定农民收入的一种有效手段，已成为全球各国普遍采用的农业支持政策和金融支农工具。2007 年以来，尽管我国农业保险取得了巨大的成绩，稳压器防火墙作用凸显，但仍处于粗放发展阶段，农业保险保障水平还比较低，对农民和农业产业的风险保障作用不充分。2018 年 10 月，在中央农办、中国银保监会等相关部委的支持下，在原中央农村工作领导小组副组长袁纯清书记、国内农业保险界权威学者庹国柱教授等领导专家的指导下，中国农业科学院农业信息研究所和太安农业保险研究院组成课题组，围绕农业保险的核心功能——风险保障开展了专项研究，坚持"以数据为基础、用数据说话"，从国家统计局、农业农村部、银保监会、国家发展改革委等官方统计部门、监管部门和保险公司官网收集了大量翔实的农业保险及农业经济统计数据，从风险保障的视角对 2008—2018 年中国农业保险发展状况进行了全面深入系统的分析和"诊断"，形成了《中国农业保险保障研究报告（2019）》（以下简称《报告》）。《报告》简版发布后受到了各界领导和业界同人的高度关注和充分肯定，截至目前已获国务院领导以及四川、新疆、海南、安徽等省份主要领导同志的批示 5 份，许多学界和业界的专家学者也来函来电索要完整的研究报告。

　　为更加充分地展示《报告》研究结果、理论依据及所用方法，为关心中国农业保险发展的各位朋友提供翔实的数据参考，我们对《报告》进行了重新整理、拓展和完善，形成本书。本书可以说是《报告》的学术版，在理论和方法上对《报告》研究结果进行了较为充分的阐述和论证，并给出了翔实的数据图表。本书包括三部分内容：第一部分为精华版，主要是阐述研究的背景、目的和方法，构建农业保险保障分析和评价的理论分析框架，对2008—2018年我国农业保险保障的现状和问题进行分析总结和凝练，并提出针对性的对策建议，便于政府主管部门、保险公司高管等相关人士对过去十一年我国农业保险的风险保障情况有一个快速的宏观把握；第二部分为完整版，分三篇（全国篇、省际篇和国际篇）对我国农业、种植业和畜牧业及13个具体品种保险的风险保障情况进行详细深入的分析，第一部分凝练的问题和建议都可以在这部分得到数字和图表上的验证，主要是供高校科研机构的学者及保险业界人士详细了解我国农业保险风险保障或开展农业保险相关研究时参考借鉴；第三部分为数据图览，主要是以数据图表的形式，按照农业保险保障分析评价的3类9个指标（水平类：保障水平、保障广度和保障深度；效率类：保障杠杆、保费补贴比例和政府杠杆；贡献类：保险赔付率、受益率和单位保费赔付额），对我国农业保险及13个具体品种的保险保障情况进行图表展示，可供有关人士查找参阅，也可为专家学者和业界人士对中国农业保险开展进一步研究提供翔实的数据资料支持。

本书是我们团队（中国农业科学院农业信息研究所农业风险管理研究团队）多年研究基础上的延伸和拓展。我们团队从2013年开始涉足农业保险效果评价研究领域，2016—2017年在原中国保监会的支持下，与中国保险学会组成联合课题组开展了农业保险保障水平的研究，首次从风险保障的视角对2008—2015年我国农业保险保障水平进行了较为深入的分析，研究成果以《中国农业保险保障水平研究报告》[①]为题在中国金融出版社出版，取得了较好社会影响，得到了政府、学界和业界的认可和好评。之后我们团队围绕农业保险保障主题继续开展深入研究，在《中国农村经济》《保险研究》等杂志发表了一些文章，最终形成本书。我们认为本书更为全面客观地反映了当前我国农业保险核心功能的发挥程度，与两年前的研究

---

① 中国农业保险保障水平研究课题组 著.《中国农业保险保障水平研究报告》，北京：中国金融出版社，2017.8

报告"中国农业保险保障水平"以及学界同类研究相比，至少有如下三个方面的贡献：

一是在衡量农业保险风险保障的方法上取得新的突破。目前，尽管各界对提高农业保险保障水平已达成共识，但对度量和提高农业保险保障水平方面研究还相对较少。现有的研究大都认为农业保险保障水平是保险金额（王尔大和于洋，2010；余洋，2013）或保险金额占被保险标的产值的比例（中国农业保险保障水平研究课题组，2017），这些概念界定或评价方法过于强调保险金额，忽略了保费、赔付等其他保险要素的影响（王克等，2018）。针对这一缺陷，本书首次提出了保障水平、保障效率和保障贡献三位一体的农业保险风险保障评价框架，构建了3大类9个指标构成的评价指标体系，每个指标都具有独立的经济含义，彼此独立且不依赖于权值权重等主观设置，评价分析结果客观。我们认为，该评价框架和评价指标具有一定的创新性，为各界准确认知和度量农业保险风险保障程度提供了新的方法和工具。

二是通过多维度的数据分析发现或验证了我国农业保险发展的一些新问题和新现象。如保险金额偏低是制约我国农业保险保障水平的最大短板，近年来我国农业保险一直也在"提标"上下功夫，本书研究结果显示保障深度指标（亩保额与亩产值的比例）在2016年后确实有了一定增长，但大部分省份仍然是广度驱动的模式。又如，2008年以来我国农业保险一直呈现"种强养弱"的局面，种植业保险保障水平高于养殖业，但研究发现2018年出现了新的情况，畜牧业保险保障水平首次实现了反超。再如，我们通过数据分析，发现各省农业保险协议赔付、保险赔付"人为干预"的现象比较严重，且政府支持力度越大的品种、保险赔付数据的真实性越差。这些发现揭示或验证了我国农业保险实践中存在的问题，为学界研究提供了靶向，有利于对症下药、促进农业保险高质量发展。

三是在农业保险国际比较中有新的发现，开拓和扩展了农业保险国际比较的视野和思路。在对种植业具体品种保险保障水平的国际比较中，除中美比较外，本书还新增了中加和中日等国的比较，更为全面。更重要的是，本书新增了畜牧业保险及主要畜产品保险保障水平的国际比较，我们发现中国虽然从保费规模来看畜牧业保险世界第一，但如果从保障水平的角度来衡量，日本养殖业保险非常发达，处于全球首位。这一结论对全球视野下正确认识我国农业保险的发展水平和全球地位具有重要作用。

本书是我们全面量化评价和诊断我国农业保险保障的一次尝试，由于数据的局限，特别是不同数据在统计口径上的差异，以及研究时间和能力水平的限制，本书肯定还存在着这样那样的问题，还请学界同人和广大读者批评指正！

本书可作为政府管理部门、国内外相关保险公司以及高校科研机构了解中国以及全国各省（自治区、直辖市）农业保险发展情况，了解农业保险保障水平、规模覆盖率、保障杠杆、保费补贴比例、保险赔付率等保险保障情况时的指南使用，也可作为高校科研机构专家学者开展后续深入研究的工具书和参考书使用。

著　者

2020 年 5 月 17 日

目　　录

精华版

完整版

数据图览

图表目录

精华版

1. 研究背景

过去四十年，全球农业生产的基础设施、技术装备和科技水平都有了长足的进步，然而，自然再生产和经济再生产相交织的特点决定了农业依然是一个"靠天吃饭"的弱势产业，农业特别是大田作物生产依然受到洪涝、台风、干旱、雨雪、冰冻、地震等人类不能左右的气候灾害的严重影响。而且，随着全球气候变化的加剧以及极端气候的频发，全球范围内农业生产面临的风险环境日益严峻；随着全球经济一体化和市场一体化进程的加快，市场价格波动对农业生产的冲击和影响也在加大。在这种情况下，农业保险作为分散转移农业风险的一种有效的市场化手段，受到了许多国家的青睐，已被全球100多个国家试点或采用，成为新型重要的农业支持政策和金融支农工具。有学者研究指出，目前农业保险已成为美国等发达国家农业支持政策（农业安全网）的核心和基石（Ker, Barnett et al. 2017）。

在我国，自2007年中央财政对农业保险提供保费补贴开始，我国农业保险进入了发展的快车道。2007年到2018年的十二年间，我国农业保险保费收入从51.8亿元增长到572.6亿元，年均增速22%；提供的风险保障从1126亿元增长到3.16万亿元，年均增长32%；承保险种从6个增加到272个；承保农作物从2.3亿亩（1亩＝666.7平方米）增加到2018年的26.7亿亩，增长了10倍，玉米、水稻、小麦三大口粮作物承保覆盖率已超过70%。我国已成为仅次于美国的农业保险保费收入第二大国，成为全球最有活力的农业保险市场之一。但是，当前我国农业保险仍处于粗放发展的初级阶段，面临承保理赔不尽规范、保障水平较低，对农民和农业产业的风险保障作用不充分等许多问题。社会各界对农业保险存在两种极端的认识，一种观点认为我国农业保险成绩突出、成就巨大，另一种观点认为我国现有农业保险表面轰轰烈烈，实际上不解渴不顶用。

在这种情况下，正确认知并客观评价我国农业保险过去十余年的发展成绩和存在问题就显得极为重要，因为它会直接关系到未来我国农业保险政策的走向以及农业保险高质量发展的路径和方向。然而，虽然国内关于农业保险的研究不少，但多以定性研究为主、缺乏数据支撑，全面系统研究我国农业保险发展情况的报告并不多见，更缺乏从风险保障角度系统评估中国农业保险发展水平的研究报告。风险保障是农业保险的核心功能，是衡量农业保险功效的主要标准，是农业保险政策效果的集中体现，是反映农业保险"三农"服务能力、现代农业发展护航能力和参与国家农业农村治理能力的核心指标（《中国农业保险保障水平研究报告》，2017）。基于此，我们从风险保障的视角出发开展了此项研究。

2. 研究目标

本书的主要目的是，站在国家乡村振兴战略和我国现代农业发展需求的高度，从风险保障这一农业保险核心功能的视角出发，以数据为基础，对我国农业保险发展水平进行全面分析和"诊断"，旨在为政府制定政策、学界深入研究和业界实践创新提供基础支撑和数据参考。

具体而言，本书试图回答三个基本问题：一是我国不同地区不同产业农业保险的风险保障程度或保障水平现状如何；二是全国及各地农业保险保障有哪些特征和问题；三是与全球主要国家相比，我国农业保险处于什么地位。

3. 研究框架及方法

风险保障是农业保险的核心功能，因此，准确客观度量农业保险风险保障具有重要的价值。相比于保险界常用的两个指标——保险深度和保险密度，保障水平是衡量和反映农业保险风险保障程度的更好指标，更准确全面地体现了农业保险的风险保障程度，反映和体现了农业保险所能为农业生产经营者或农业产业提供风险保障的程度和大小，可用农业保险总保额和农业总产值的比例来衡量（中国农业保险保障水平研究课题组，2017）。然而，保障水平这一概念更多强调了保险金额的作用，而保额是在绝收情况下被保险农户可能获得的最大赔付额，该术语忽略了保费投入和赔付金额等其他保险要素的影响（王克等，2018）。本书对已有研究进行了拓展。我们认为，农业保险保障就是农业行业为应对难以把控的自然灾害和市场波动的风险冲击，利用保险机制降低风险冲击、稳定农民收入、推动农业生产持续发展的程度，应该从水平、杠杆和赔付三个方面来进行衡量，如图1-1所示。

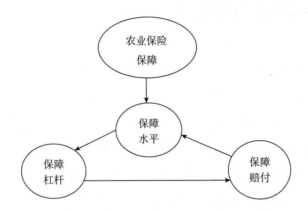

图1-1 衡量农业保险风险保障程度的思路框架

3.1 农业保险的保障水平

农业保险核心功能是对农业产业和农业生产经营者提供风险保障，所以，研究农业保险保障首先需要分析农业产出与农业保险保障间关系，衡量农业保险对农业风险的保障范围和程度，反映农业保险保障这一核心功能发挥的大小。相比于保险业常用的两个指标——保险深度和保险密度，农业保险保障水平是从农业视角而不是从保险业视角来分析和评价农业保险发展，是农业保险风险保障程度更好的衡量标准。农业保险保障水平用农业保险金额与农业产值的比值来衡量，农业保险保障水平越高说明农业保险为农业产业或农业生产者提供的风险保障程度越大。为更深入研究影响农业保险保障水平相关因素，将农业保险保障水平指标进一步分解为两个具体分析指标——农业保险保障广度和农业保险保障深度。农业保险保障广度是从保险保障范围或覆盖面的角度反映农业保险保障程度的一个指标，用农业保险承保规模占农业种养规模的比例来计量；农业保险保障深度是从已承保的农业保险标的角度反映农业保险所能提供风险保障程度的指标，用承保标的单位保险金额与其单位产值的比例来计量。

$$保障水平 = \frac{总保额}{总产值} = \frac{承保数量 \times 单位保额}{种养规模 \times 单位产值} = \frac{承保数量}{种养规模} \times \frac{单位保额}{单位产值}$$
$$= 保障广度 \times 保障深度$$

3.2 农业保险的保障杠杆

农业保险保障水平主要着眼于农业产出与农业保险间的关系，强调农业保险能够提供的农业产出保障，而要获得保险对农业的保障，农业行业需要投入一定的保险保费，付出相应的成本代价。所以，农业保险保障研究还需要进一步分析农业保险金额与农业保费投入间关系，衡量农业获得一定水平的风险保障需要多少保费投入或者在一定保费投入条件下可以获得多大风险保障，即农业保险保障的投入产出效能。农业保险保障杠杆用农业保险保障金额与农业保险保费的比值来计量，保障杠杆倍数越大，说明获得同等水平的风险保障付出的成本越小，或者投入相同保费获得风险保障水平越高，反之亦然。由于农业保险属于政策性保险，政府为农民购买保险提供了保费补贴，为了更深入地分析影响保险保障倍增效应的因素，也为了更好地了解政府财政资金的使用效率，将农业保险保障杠杆指标进一步分解为两个具体分析指标：补贴比例和政府杠杆。补贴比例是衡量政府对农业保险补贴力度的指标，用补贴金额除以总保费来计量；政府杠杆是衡量保险机制对政府保费补贴资金放大作用的指标，用农业保险总保额和政府保费补贴额的比值来计量，政府杠杆越高，说明政府单位保费补贴可获得的风险保障金额越大，也即财政补贴资金的效率越高。

$$保障杠杆 = \frac{总保额}{总保费} = \frac{政府补贴}{总保费} \times \frac{总保额}{政府补贴} = 补贴比例 \times 政府杠杆$$

3.3 农业保险的保障赔付

农业保险的风险保障功能最终要通过保险损失补偿来实现，购买保险获得风险保障主要体现在灾害发生时能够获得保险的损失赔偿，从而降低投保人和被保险人灾害损失程度并尽快恢复生产，这也是农民购买农业保险的目的。因此，农业保险保障研究更需要分析农业保险保费投入与农业保险损失赔偿间关系，反映一定时期的农业保费投入最终能够获得多少保险赔偿，体现农业保险对农业保障的贡献大小。农业保险保障赔付用农业保险简单赔付率来计量，即农业保险赔付额占农业保险保费的比例，简单赔付率越高说明农业保险对灾害损失的补偿作用越大。为了更有效分析农业保险赔付率的影响因素和农业保险赔付模式，又将农业保险简单赔付率进一步分解为两个指标：受益率和单位保费赔付额。受益率即索赔概率，代表了获得保险赔偿数量占承保标的数量的比例，也就是说农户已投保的农业标的中有多少数量或比例的标的受损并获得赔偿。一般情况下，受益率不会超过100%，受益率越高，说明灾害的影响范围越广，保险简单赔付率会越高。单位保费赔付额反映了受损保险标的平均单位保费投入所获得的赔付额，用获得赔偿农户单位（面积或头）赔偿额与单位（面积或头）保费的比值来计量，单位保费赔付额越高则保险简单赔付率也会越高。当然，保险简单赔付率、受益率和单位保费赔付额这三个指标也受到当年灾损范围和程度的影响，而灾害风险是随机事件，不同年份灾损大小不同很正常，因此，用一年的数据来说明保险赔付对农业损失补偿的贡献会有偏差，需要采用一段时期的平均值进行分析比较。此外，这三个指标的对比分析非常有价值，通过对一段时期简单赔付率、受益率和单位保费赔付额这三个指标间组合变化分析，结合三个指标间应有的逻辑关系，能够揭示出农业保险的赔付模式和特点，验证农业保险赔付的真实性和可靠性。

$$保险赔付 = \frac{保险赔款}{保费收入} = \frac{赔付数量 \times \dfrac{保险赔款}{赔付数量}}{承保数量 \times \dfrac{保费收入}{承保数量}} = \frac{赔付数量}{承保数量} \times \frac{单位赔付额}{单位保费}$$

$$= 受益率 \times 单位保费赔付额$$

4. 所用数据及来源

4.1 国内数据

本书主要用到了两种数据资源——农业保险数据和农业农村经济数据，均为年度数据。其中，农业保险相关数据，如无特殊说明，均来自中国银行保险监督委员会（以下简称中国银保监会）；而农业农村经济数据则是由课题组根据研究工作的需要，从国家统计局、农业农村部、国家发展改革委等相关部门发布的统计年鉴以及其他公开资料中获得。

各指标测算方法及数据来源如表1-1所示。

表1-1　国内农业保险保障水平相关指标及数据来源

数据类型	数据指标	尺度	数据年限	来源
农业保险	保险金额	全国、省级、品种	2008—2018	中国银保监会
	承保数量	全国、省级、品种		中国银保监会
	赔付数量	全国、省级、品种		中国银保监会
	保费补贴	全国、省级、品种		中国银保监会
	签单保费	全国、省级、品种		中国银保监会
	赔付金额	全国、省级、品种		中国银保监会
农业经济	农业、种植业、畜牧业产值	全国、省级		农业农村部 国家统计局
	牛、羊、猪、家禽产值	全国、省级		畜牧业统计年鉴
	单位产值（亩/头/只/羽）	全国、省级、品种		国家发改委《全国农产品成本收益资料汇编》
	播种面积	全国、省级、品种		农业农村部；国家统计局
	出栏量/存栏量	全国、省级、品种		国家统计局；农业农村部
	单位成本（亩/头/只/羽）	全国、省级、品种		国家发改委《全国农产品成本收益资料汇编》

注：1. 奶牛存栏量来自《中国奶业年鉴》。

2. 农业经济2018年数据来自国家统计局及各省统计局的统计公报，畜牧业数据来自农业农村部业务统计。

4.2 国际数据

在农业保险的国际比较部分，本书共选择了六个国家和我国进行比较（发达国家三个：美国、加拿大和日本；发展中国家三个：印度、菲律宾和土耳其）。其所以选择这六个国家，是因为这六个国家最具有代表性，基本反映了世界上农业保险较发达国家地区的发展水平。其中，美国和加拿大是世界上农业保险最为发达的两个国家，日本农业保险同样发达且以互助保险为其主要特色，印度是发展中国家中农业保险发展较早的国家，也是世界范围内天气指数保险应用范围最广的国家，菲律宾是东南亚国家中农业保险发展较早、最为成功的国家之一，土耳其近年来农业保险发展迅速，政府专门成立农业保险联盟管理本国农业保险业务，极具自身特色。关于六个国家农业保险情况的更为详细介绍，见完整版。

和国内分析一样，国际比较部分用到的数据同样包括农业保险数据和农业经济统计数据两类。其中，农业保险数据直接来源于各国（地区）农业保险管理部门、农业部门和统计部门。农业经济数据从各国农业部门和统计部门获取。需要说明的是，由于印度统计部门没有产值这一指标的统计，故本期报告采用FAO的产值数据。国际部分所用数据资源及其来源如表1-2所示。

表1-2　国外农业保险保障水平测算涉及的相关指标及数据来源

类别	指标	国家	数据来源
农业保险数据	保险金额 承保面积 保费 保费补贴	美国	美国农业部风险管理局（RMA）
		加拿大	曼尼托巴省农业服务公司（MASC）
		日本	日本农林水产省（MAFF）经营局
		印度	印度农业与农民福利部经济统计理事会
		菲律宾	菲律宾农作物保险公司（PCIC）
		土耳其	土耳其农业保险联盟（TARSIM）

续表

类别	指标	国家	数据来源
农业经济数据	种植面积	美国	美国农业部农业统计局（NASS）
		加拿大	加拿大统计局（CANSIM）
		日本	日本农林水产省（MAFF）经营局
		印度	印度农业与农民福利部经济统计理事会
		菲律宾	菲律宾国家统计局
		土耳其	土耳其统计局
	产值	美国	美国农业部农业统计局（NASS）
			美国农业部经济管理局（ERS）
		加拿大	加拿大统计局
			曼尼托巴省农业部门
		日本	日本农林水产省（MAFF）经营局
		印度	联合国粮农组织（FAO）
		菲律宾	菲律宾国家统计局
		土耳其	土耳其统计局

4.3 数据处理说明

本书所用数据资料来自多个部门和多个渠道，这些不同部门数据的汇总和比对丰富了研究的维度和多样性，但由于统计指标设置和统计口径不尽一致[①]等方面的原因，我们对原始数据进行了必要的清洗和处理，主要有三个方面。

4.3.1 缺失数据的补充

由于国家统计制度和数据发布滞后等方面的原因，报告撰写时我国尚没有发布2019年《中国统计年鉴》以及《全国农产品成本收益资料汇编》，对于2018年农业经济数据的缺失值，我们采取了各种办法进行补充[②]。另

---

① 如农业保险分省统计是按照省级保险公司的实际业务进行的，省级保险公司所在地是 A 省，也可能承保 B 省部分业务，按照保险统计口径，该公司在 B 省经营的业务要记入 A 省。但对种养殖规模的农业经济统计是按照属地进行统计的。

② 2018 年主要畜产品出栏量和存栏量数据来自农业农村部畜牧业司，2018 年各省种植业数据来自各省统计公告，2018 年成本收益数据等其他尚未公布的数据用替代法处理，假定 2018 年数据和 2017 年数据相同。

外，对于一些指标如种植业具体品种（如小麦、玉米、棉花）产值数据，国家统计数据中并未正式发布，对此，我们利用成本收益数据中的单位亩产值和该作物播种面积数据进行计算。国外农业保险保障深度中涉及的亩均产值数据也是采用同样的办法进行补充。此外，农产品成本收益调查中，不同省份调查的品种都不相同，一些省份可能缺少一两个品种甚至是全部农产品的成本调查数据，对此，我们用该省所在区域（东北、华北、华中、华南、西部、西南）的加权平均值进行替代。

4.3.2 数据口径的统一

为保障农业保险统计和农业经济统计口径尽可能统一，我们进行了两方面的处理。一是，在分省的农业保险统计中，对已知其统计可能包括其他外阜业务的部分进行剔除。如北京市水稻保险和大豆保险的业务，大部分是对首农集团在黑龙江双河农场的承保带来的，对此，我们在北京市水稻和大豆保险的保费收入、承保数量等保险统计中，对首农集团的承保业务进行扣除。二是，对畜牧业可保数量的计算，采用存货计算方法，用年末存栏 – 年初存栏 + 当年出栏的方法进行计算，尽可能使畜牧业保险承保数量和国家统计部门畜牧养殖数量的口径保持一致。

4.3.3 数据异常的处理

受数量来源、统计口径和统计指标多方面因素的影响，利用原始数据计算出的农业保险保障 9 个指标中，个别地区和农产品保险保障存在异常。对这种情况，我们一般是根据 9 个指标之间的逻辑关系（如保障广度 <100%，政府杠杆 × 补贴比例 = 保障杠杆）以及单位保额和费率年际间不应有过大变化来进行识别和修正；对一些简单的统计或记录错误，根据前述逻辑采用"分总"的办法进行修正，即先从具体作物入手进行修改，然后对该作物所处的大类数据进行修正；对于无法简单修正的情况，则向中国银保监会和相关统计部门进行咨询；最后仍无法确定的，则将其作为缺失值处理，例如，西藏自治区将牧民人身保险或其他涉农保险计入农业保险统计范围之内，造成其统计单位和其他省份并不一致，故本书分析中将西藏数据全部剔除。

　　需要说明的是，（1）本书对全国及各省农业保险的分析评价依据都是2008 年至 2018 年共 11 年的数据。但由于部分省份部分品种农业保险业务开办时间较短（如山东省在 2014 年后才开始开办油菜籽保险，贵州省小麦保险业务同样出现在 2014 年之后），对这些省份这些品种农业保险保障的分析所用数据序列较短，致使研究结果尤其是过去十年农业保险保障赔付指标的计算结果波动性要大一些；（2）在 2017 年全国第三次农业普查之后，国家统计局根据普查情况对统计年鉴中近年来的农业生产数据进行了修改，农业产值、播种面积等多个指标数值发生了较大变化，造成本书个别指标的计算结果可能和《中国农业保险保障水平研究报告 2017》的不一致；（3）在国际比较部分，《中国农业保险保障水平研究报告 2017》中采用的农业经济数据主要来自 FAO，保险数据来自官方统计、公司年报和学术报告等多种渠道，口径并不一致，且我们发现个别国家官方发布的农业经济数据和 FAO 公布的数据不一致。为此，为了保证数据的准确性以及两类指标之间的可比性，本书各国农业保险和农业经济数据全部来自该国官方统计部门，故本书发布的国外农业保险保障个别指标和 2017 年测算结果存有差异，请注意使用。

5. 研究结果

5.1 中国农业保险保障的现状和特点

5.1.1 保障水平现状与特点

　　农业保险保障水平是衡量农业保险对农业产业整体保障程度的指标，经过十余年的发展，农业保险对农业产业保障作用不断提升，在助推我国现代农业发展、保障国家粮食安全和稳定农民收入方面发挥了越来越重要的"防火墙"和"安全网"作用。

1. 从产业发展层面看，全国农业保险保障水平持续增长，种、养两业保险保障水平均呈上升态势，农业保险对农业产业的保障能力进一步增强。我国农业保险（包括种植业保险、畜牧业保险和林业保险）保障水平从2008年的3.59%增长到2018年的23.25%，再创历史新高，11年提高了6倍有余，年均复合增长率18.51%。种植业、畜牧业保险保障水平均呈上升态势，分别从2008年的3.84%、3.40%提升到2018年的12%、12.92%，年均复合增长率分别为10.92%、12.9%。

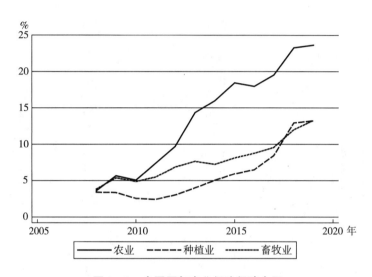

图1-2　全国历年农业保险保障水平

2. 从产业结构层面看，我国畜牧业保险保障水平正进入快速增长时期，2018年畜牧业保险保障水平首次超越种植业，打破了维持十年之久的"种强养弱"的保障水平产业格局。种植业保险保障水平自起步阶段就略高于畜牧业，2012年之前种植业保险保障水平增速更高，导致产业间保险保障水平差距加大，2008—2012年，种植业保险保障水平从3.84%提升至6.87%，五年增长了近80%，年均复合增长率12.35%；同期畜牧业保险保障水平则持续下降，从3.40%下降到3.02%，降幅达11.17%。2012年畜牧业保险保障水平止跌回升，开启了加速发展之路，2013年起畜牧业保险保障水平增速均高于种植业，种、养两业保险保障水平逐渐缩小，2018年畜牧业保险保障水平首次超越种植业。虽然从总体上看畜牧业保险保障水平超过了种植业，但主要畜产品保险保障水平与主要农作物保险保障水平仍有一定差距[①]。例如，畜牧业中保险保障水平最高的奶牛、生猪两品种，2018年保障水平分别为24.12%、17.47%，仅与种植业中甜菜（25.36%）、甘蔗（16.50%）、油菜籽（16.95%）等作物相当，与棉花（47.06%）、小麦（36.70%）等作物仍有差距。

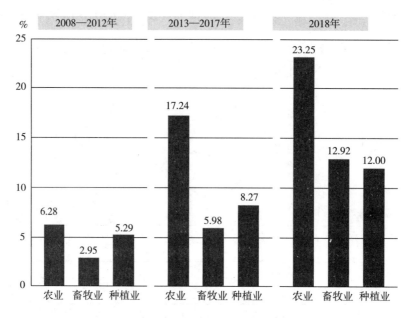

图1-3 三个阶段全国农业保险保障水平

3. 从保障水平的影响因素看，现阶段种植业保险保障水平以保障广度为驱动，畜牧业保险保障水平以保障深度为驱动。总体来看，种植业保险保障广度迅猛提升是支撑种植业保险保障水平不断攀升的主要因素。目前，种植业中大豆、油料作物保障广度不足50%，玉米保障广度在60%水平，水稻、小麦、棉花、甘蔗等其他主要作物保险保障广度均超过70%，但保障深度及增速相对保障广度而言略显滞后，多数产品保险保障深度处于30%～45%区间内。畜牧业保险保障广度略显不足，主要畜产品间保险保障水平差异较大、保险覆盖的畜产品品种较为有限，在一定程度上限制了畜牧业保险保障水平的提升。2018年保费规模占比较大的生猪、奶牛保障水平较高，达到17.47%和24.12%，而保费规模占比较小的肉羊、肉牛保障

---

① 主要原因是我国现有的农业保险仅承保了主要农品种，承保标的数量约为农产品总量的37%，而种植业体量庞大，作物众多，许多农作物品种还未纳入保险覆盖范围，已有的一些地方特色作物保险规模也有限（详见后文第三部分分析）。因此，从具体品种上看，主要种植业保险的保障水平高于畜牧业，但就总体而言，2018年种植业保险保障水平低于畜牧业。

水平则相对较低，只有 2.91%、2.83%。从保障水平影响因素分析，畜牧业各主要品种保险保障深度基本在 30%～40%，与多数种植业品种相当；奶牛保险保障广度接近 70%，但畜产品中保障广度最低的肉牛，2018 年保障广度仅为 2.73%。

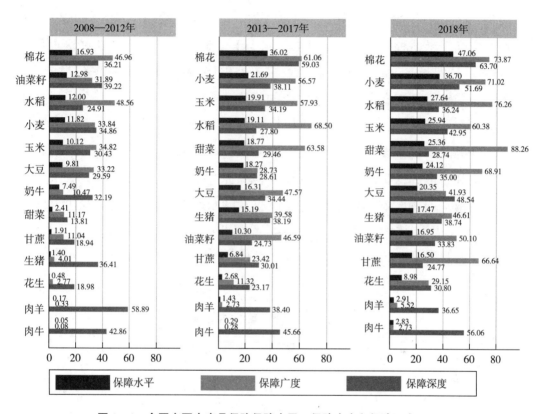

图 1-4　全国主要农产品保险保障水平、保障广度和保障深度（％）

4. 从主要农产品的保障水平看，关系国计民生的主要农产品已得到较好保障，"扩面、提标"成效初显。总体看，农业保险对粮、棉、油、糖、生猪、奶牛等重要农产品的保险保障程度相对较好（见表 1-3），2018 年上述品类保险保障水平均高于种、养两业平均保险保障水平，其中，粮食作物保险保障水平 29.42%（小麦：36.70%、玉米：25.94%、水稻：27.64%、大豆：20.35%）、棉花 47.06%、油料作物 14.59%（油菜籽：16.95%、花生：8.98%）、糖料作物 19.98%（甜菜：25.36%、甘蔗：16.5%）、奶牛 24.12%、生猪 17.47%。从保障广度看，主要农产品特别是种植业主要农作物保险保障广度达到较高水平，保险覆盖面基本都达到相应作物播种面积的

60%甚至70%以上，达到国家划定的"两区"① 面积80%以上。以三大主粮作物为例，2018年，水稻保险承保面积3.45亿亩（1亩＝666.7平方米），占全国水稻播种面积的76.26%，与划定的3.4亿亩水稻生产功能区面积基本相当；小麦保险承保面积2.58亿亩，覆盖了全国小麦播种面积的71.02%，相当于3.2亿亩小麦生产功能区面积80.62%；玉米保险承保面积3.82亿亩，覆盖了全国玉米播种面积的60.38%，相当于4.5亿亩玉米生产功能区面积的84.66%。从保障深度看，种、养两业主要品种保险保障深度相差不大，单位保额已经能较好地覆盖相应作物生产的物化成本，对生产成本、全成本的覆盖程度也在不断提升，农业保险"提标"成效初显。不过总体来看，相较于不断上升的成本，主要农产品所能提供的保险保障程度仍然不足，多数产品对全成本和产值的保障程度处于30%～40%水平。例如，2018年，三大主粮作物保险亩均保额已能够覆盖亩均物化成本的90%以上，但保障深度基本维持在40%左右（其中，小麦：51.69%、玉米：42.95%、水稻：36.24%）；花生、油菜籽等油料作物亩均保额达到亩均物化成本的95%以上，但保障深度基本在30%的水平（其中，花生：30.80%、油菜籽：33.83%）。

表1－3　2018年我国主要农产品保险保障　　　　　　　单位：%

类别	名称	保障水平	保障广度	保障深度
粮食作物	小麦	36.70	71.02	51.69
	水稻	27.64	76.26	36.24
	玉米	25.94	60.38	42.95
	大豆	20.35	41.93	48.54
纤维作物	棉花	47.06	73.97	63.70
油料作物	油菜籽	16.95	50.10	33.83
	花生	8.98	29.15	30.80
糖料作物	甘蔗	16.50	66.64	24.77
	甜菜	25.36	88.26	28.74
大牲畜	奶牛	24.12	68.91	35.00
	肉牛	2.83	2.73	56.06
小牲畜	生猪	17.47	46.61	38.74
	肉羊	2.91	5.52	36.65

---

① 即粮食生产功能区和重要农产品生产保护区。

5.1.2 保障杠杆现状与特点

农业保险保障杠杆是反映农业保险投入产出效能和风险保障倍增效应的指标。通过农业保险内在的杠杆机制,参保农户以较少的保费支出可获得较高的农业风险保障,政府保险补贴资金也实现了"四两拨千斤"的保障效果。

1. 农业保险保障杠杆效应进一步凸显,单位保费所能获得的风险保障金额呈上升态势。过去 11 年,农业保险保障杠杆从第一个阶段(2008—2012年)的 28.22 倍提升到 2018 年的 46.59 倍,也即单位保费可获得的风险保障从不足 29 倍提高到近 47 倍,农业保险保障杠杆效应明显。分产业看[1],种、养两业保险保障杠杆均成上升态势,其中,畜牧业保险保障杠杆较种植业更高,2008—2018 年畜牧业和种植业保障杠杆均值分别为 20.60 倍、17.30倍;而种植业保险保障杠杆增速较畜牧业更快,2008—2018 年种、养两业保险保障杠杆年均复合增长率分别为 3.01%、1.01%。2018 年种、养两业保险保障杠杆基本维持在 21 倍左右,即单位保费可获得风险保障金额约为21 元。

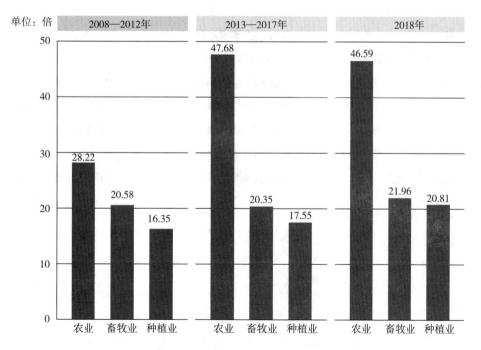

图 1-5 全国农业保险保障杠杆

---

[1] 森林保险费率较低、保障杠杆较高,近年来农业保险保障杠杆的大幅提升与森林保险份额的快速增长密切相关。

2. 从财政补贴看，农业保险保费补贴比例稳中略升，基本稳定在 77%
水平，且产业间保费补贴比例相差不大，产品间保费补贴比例存在一定差
距。各级财政通过保费补贴对农业保险发展和农户参保给予支持，2008—
2018 年政府对参保农户每 1 元保费给予的保费补贴从最高 3.69 元提高到
4.77 元，平均政府保费补贴比例约为 77.05%；其中，产业间财政补贴差别
不大，种植业、畜牧业保费补贴比例分别为 76.26% 和 77.68%。从具体品
种看，主要农产品补贴比例略有侧重，粮食作物、油料作物、生猪、奶牛
等品种保费补贴比例略高，在 78% 左右；大豆、棉花、糖料作物、肉牛、
肉羊等品种政府补贴比例略低，基本在 70%～75% 水平。

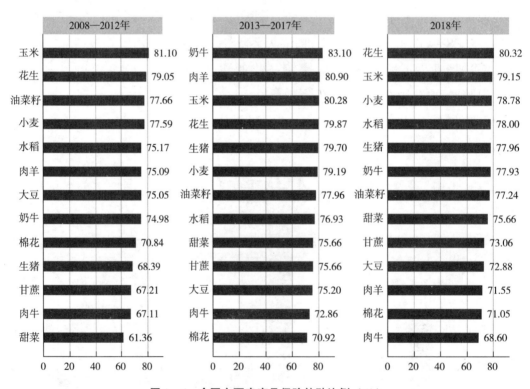

图 1-6　全国主要农产品保险补贴比例（%）

3. 政府杠杆效应明显提升，财政支农资金效果进一步放大。借助保险
机制的杠杆效应，政府保费补贴资金效果得以放大，2008—2018 年各级财
政历年累计投入保费补贴 2475.59 亿元，为广大农户购买到 15.37 万亿元的
农业风险保障，保费补贴资金放大效果达到 62 倍。其中，种植业保险政府
杠杆从 20 倍提升到 23 倍，畜牧业保险政府杠杆从 27 倍提升到约 30 倍，也
就是说 2018 年，对种植业、畜牧业的单位保费补贴分别可以获得 28 元和

30 元的风险保障，在一定程度上弥补了财政救灾资金的不足，提高了财政资金的使用效率，也充分体现了农业保险"四两拨千斤"的倍增作用。

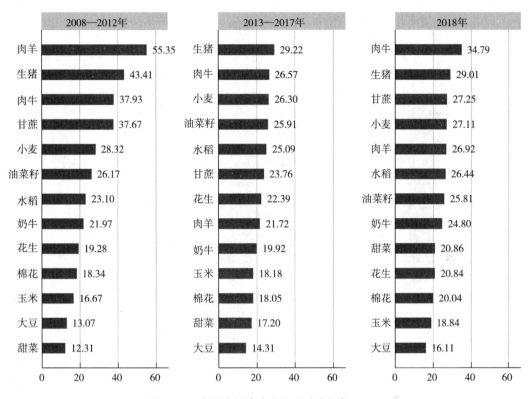

图 1-7　全国主要农产品保险政府杠杆（%）

5.1.3　保障赔付现状与特点

保障赔付反映的是一段时间内或某一时点上农业保险对降低农业产业或农业生产者风险损失的实际贡献，近年来农业保险赔付率的演变，切实体现了农业保险在防灾减损、恢复生产中的实效。

1. 农业保险赔付率总体呈升高趋势，保险支持"三农"力度加大。从阶段性赔付均值看，全国农业保险赔付率上升趋势明显，2008—2012 年、2013—2017 年农业保险简单赔付率[①]分别为 54.49%、63.56%，农业保险保障功能日趋显现。2018 年属于风险偏高年份，农业保险简单赔付率73.49%，高于往年水平。农业保险赔付率的上升，一方面与各阶段农业风

---

① 本报告中，如无特别说明，某一时段的农业保险平均赔付率均采用加权平均的方法进行计算，以保额为权重。

险状况有关，另一方面反映了农业保险赔付力度的加大，是农业保险对农业生产损失补偿的切实体现。

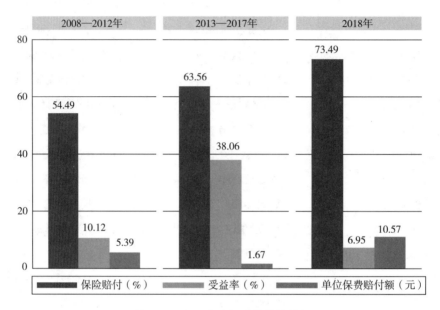

图1-8 全国农业保险简单赔付率

2. 分产业看，种、养两业保险赔付特征差别明显。（1）从总体赔付率看，畜牧业保险赔付率较种植业更高，且畜牧业保险赔付率年度间波动更大，而种植业保险赔付率呈稳定上升趋势。2008—2018年畜牧业保险平均赔付率比种植业高10个百分点。从年度变动上看，畜牧业保险赔付率最低年份约为55%，最高年份接近120%，最大最小值相差2倍有余，保险赔付率波动范围广、年度差异大；种植业保险赔付率最低、最高年份分别为42.67%、75.11%，波动范围较小，且总体呈稳定上升趋势。（2）在赔付模式上，种植业保险赔付属于"高受益率、低赔付额"模式，畜牧业则与之相反，属于"低受益率、高赔付额"类型。2008—2012年，种植业保险平均受益率约为23.23%，而相应的单位保费赔付额仅为2.22元；2013—2017年种植业保险平均受益率约为12.22%，相应的单位保费赔付额为5.51元。2018年种植业保险赔付模式依然延续了前述特征，受益率和单位保费赔付额分别为15.77%、4.76元。与种植业相反，畜牧业保险在2008—2012年、2013—2017年和2018年的平均受益率分别为2.33%、6.87%、7.24%，同时期单位保费赔付额则分别为31.79元、9.34元、10.57元。（3）在指标变动趋势上，种植业保险赔付受益率趋于下降、单位保费赔付额趋于上升，畜牧业则与之相反。不过，即使畜牧业保险单位保费赔付额逐步降低，仍明显高于同期种植业单位保费赔付水平。

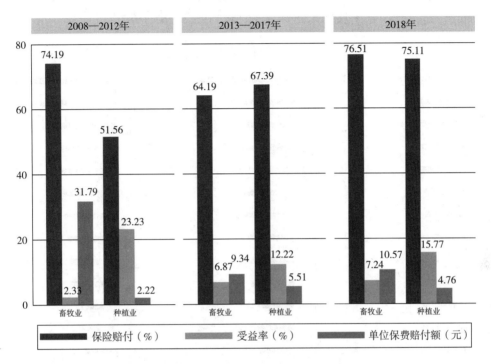

图1-9 全国种植业保险和畜牧业保险赔付情况

3. 从主要农产品保险赔付情况看，种植业主要品种间赔付率分化明显，而畜牧业主要品种间赔付率则逐渐趋同。（1）从赔付率总体情况看，多数农作物保险赔付率集中在50%~65%区间内，三大主粮作物保险赔付相对较低，小麦、水稻保险近十年（2009—2018年）平均赔付率分别为54.44%和54.14%，在赔付率最低的三类产品中占据两席；大豆、甜菜保险赔付则相对较高，近十年平均赔付率分别为103.06%和93.25%，特别是大豆近三年来（2016—2018年）保险赔付率始终在120%以上，最高年份甚至超过160%。（2）从赔付率变动趋势看，种植业主要作物赔付率呈分化态势，主要畜产品保险赔付率变动趋势不一，但品种间赔付率差距日益缩小。早期主要作物除甜菜外，多数作物保险赔付率集中在43%~63%区间内，而到后期，不仅甜菜、大豆保险赔付率超过100%，其他作物保险赔付率分布在43%~73%区间内；早期主要畜产品平均赔付率处于55%~90%区间内，后逐步缩小，主要集中在61%~75%区间内。（3）从赔付率两个分析指标看，种植业主要作物品种均属于"受益率高、单位赔付额低"类型，多数作物（小麦、大豆、棉花、花生、甜菜）受益率出现较明显的下降，畜产品均属于"受益率低、单位赔付额高"类型，其中大牲畜保险受益率呈下降趋势，而小牲畜保险受益率有所上升，除奶牛外其他品种单位保费赔付额均有不同程度下降。

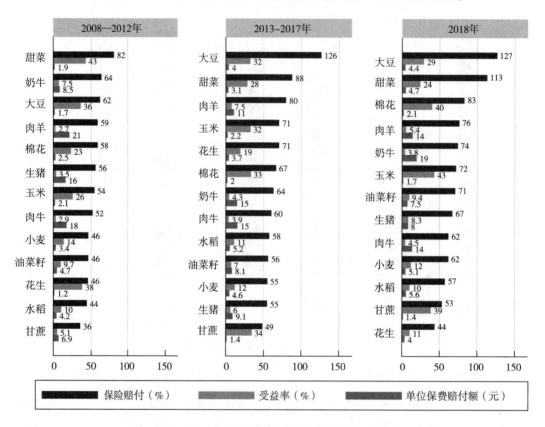

图1-10　全国主要农产品保险赔付情况分解

5.2　中国农业保险保障水平在全球的位置

从保费规模看，我国从2008年起就成为仅次于美国的世界农业保险第二大国。2018年我国种植业保险保费收入59.18亿美元，约为同年美国种植业保险保费收入的60%，远高于加拿大、日本、印度、土耳其等其他主要的农业保险大国。但是我国农业人口、农业播种面积要远远高于这些国家，因此单纯从保费收入规模进行国际比较意义不大。为此，我们从农业保险保障的视角出发，对我国和农业保险发展阶段和模式方面具有典型性和代表性的6个国家（美国、加拿大、日本、印度、菲律宾、土耳其）的种植业、畜牧业和农产品具体品种的保险保障水平进行了全面比较，以期从更广阔的视野、更为客观地评价我国农业保险在全球的地位。

5.2.1 种植业保险保障水平比较

1. 从保障水平看，中国种植业保险保障水平与美国、加拿大（曼）、日本发达国家相比还有很大差距，虽然在发展中国家中一直处于领先水平，但从2016年开始被印度超越。目前，中国农业保险保障水平相当于美国保障水平的1/5，加拿大（曼）的1/3，日本的1/2。具体来说，美国种植业保险保障水平最高，维持在50%～60%水平；其次是加拿大（曼）（35.15%）、日本（21.47%）；土耳其和印度分别于2013年、2016年开始迈入10%的行列，中国种植业保险保障水平从2018年开始才刚超过10%，达到12%；菲律宾目前还仅为5.26%。从增速上看，除日本保持平稳外，近年各国农作物保险保障水平呈上升趋势，发展中国家增长速度尤其快。2015—2018年，中国种植业保险保障水平持续增长，目前的保障水平基本与美国、加拿大（曼）90年代初期水平相当，是美国种植业保险保障水平的1/5、加拿大（曼）的1/3、日本的1/2。对标典型国家，中国种植业保障水平仍有很大发展提升空间。

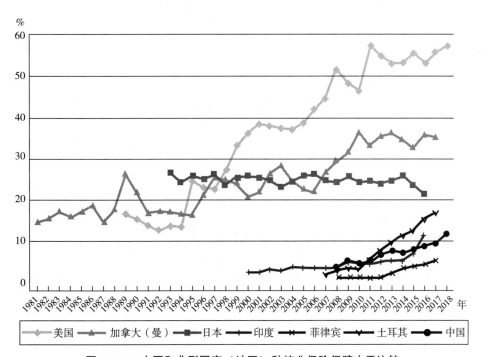

图1-11　中国和典型国家（地区）种植业保险保障水平比较

2. 从保障水平结构上看，中国种植业保险"低保障、广覆盖"的政策特征明显，在保障广度上已与美国、加拿大（曼）等发达国家比肩，但保障深度仍与各典型国家存在差距。从保障广度看，中国种植业保险保障广度一直保持着较高增速，2014 年以来更是进入飞速增长阶段，2017 年保障广度迈入 80% 的行列，几乎可以与美国（93.88%）、加拿大（曼）（82.50%）等农业保险传统强国比肩，远超日本（49.01%）、印度（28.63%）、菲律宾（14.83%）。相对于保障广度，各国种植业保险保障深度增长态势明显放慢，变化幅度较小，整体比较平稳。目前，美国种植业保险保障深度达到60% 左右水平，加拿大（曼）和日本处在 40% 的水平，印度和菲律宾也达到了 30% ~ 40% 水平。中国种植业保险保障深度与其他国家始终存在差距，2018 年中国种植业保险保障深度只有 14%，甚至仅相当于印度和菲律宾等发展中国家的 40% 左右，与美国、加拿大（曼）、日本等发达国家保障深度的差距更是明显。

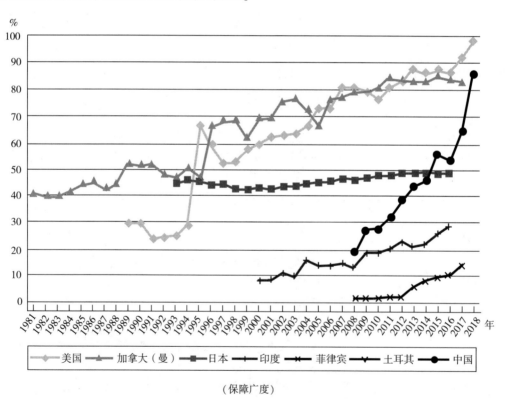

（保障广度）

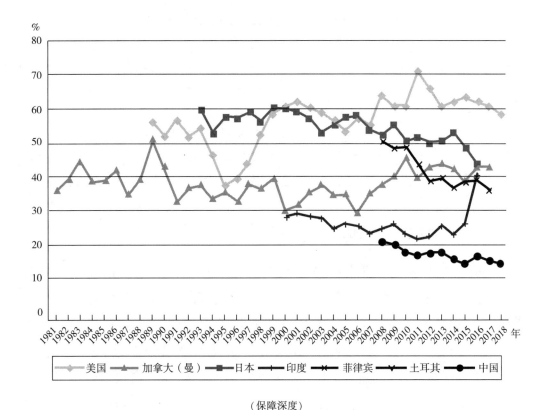

（保障深度）

图 1-12　中国和典型国家（地区）种植业保险保障广度和深度比较

3. 对标种植业保险保障水平最高的美国，中国主要农作物保险保障水
平与之差距正在逐步缩小。以棉花为代表的纤维作物保险保障水平与美国
差距最小，2018 年中国棉花保险保障水平 47.06%，约为美国的 55%，保
障广度和保障深度分别为美国的 80% 和 51.87%；甘蔗、甜菜等糖料作物是
与美国差距缩小最快的品种，以甜菜为例，2010 年甜菜保险保障水平、保
障广度、保障深度仅相当于同期美国甜菜保险保障水平的 1/10，保障广度
的 1/30，不足其保障深度的 1/3，但 2018 年，我国甜菜保险保障水平已经
相当于当年美国甜菜保险保障水平的 45%，保障深度的 1/2，保障广度甚至
反超了美国。其他作物与美国的差距也都有较明显的缩小，中国三大主粮
作物保险保障水平基本相当于美国相应作物的 1/3 ~ 1/2，保障广度约为美
国的 2/3 ~ 4/5，保障深度约为美国的一半。目前，与美国保险保障水平差距
最大的作物是花生，2018 年我国花生保险保障水平约相当于美国的 15.83%，
保障广度、保障深度约相当于美国的 1/3 和 1/2。

表 1－4   2018 年中美种植业分品种保险保障水平比较   单位：%

国家	类别	小麦	玉米	水稻	大豆	棉花	花生	甜菜	甘蔗
美国	保障水平	71.19	78.31	60.39	73.77	85.15	55.66	58.30	31.28
	保障广度	80.96	87.67	86.44	88.35	93.47	91.31	87.68	84.88
	保障深度	87.93	89.32	69.87	83.50	91.10	60.97	66.50	36.85
中国	保障水平	36.7	25.94	27.64	20.35	47.06	8.98	25.36	16.50
	保障广度	71.02	60.38	76.26	41.93	73.87	29.15	88.26	66.64
	保障深度	51.69	42.95	36.24	48.54	63.70	30.80	28.74	24.77

5.2.2　畜牧业保险保障水平比较

1. 从保障水平看，日本畜牧业保险保障水平一枝独秀，遥遥领先其他国家，而中国的畜牧业保险保障水平仅次于日本，高于美国、加拿大（曼）、菲律宾、印度等国。日本是畜牧业保险保障强国，其畜牧业保险起步早、保障水平较高，2017 年日本养殖业保险保障水平 37.89%。除日本外，多数国家畜牧业保险保障水平发展均滞后于种植业，畜牧业保险多开办于 2000 年之后，在保障水平、保险品种等方面均与日本有一定差距，中国畜牧业保险保障水平自 2011 年后增长速度明显加快，2018 年达到 12.92%，高于加拿大（曼）（3.06%）、美国（0.03%）、菲律宾（0.95%）。需要说明的是，美国、加拿大（曼）等国畜牧业保险保障水平之所以较低，是因为上述国家主要采用如销售贷款补贴、价格补贴、养殖损失直接补贴、灾害救助等非保险方式，畜牧业保险特别是自然灾害风险保险并不是其畜牧业支持保护体系的重点，畜牧业保险仅有一些畜产品价格保险的试点。

2. 对标畜牧业保险保障水平最高的日本，中国主要畜产品保险保障水平与日本的差距明显缩小，特别是保障深度差距较小，但保障广度差距仍然较大。生猪和奶牛是中国畜牧业保险的主要险种，近年来，两品种保险保障水平发展势头迅猛，而日本相应产品保险则处于停滞甚至衰退状态，导致生猪保险保障水平反超日本，奶牛保险保障水平与日本差距迅速缩小。以最新年份数据看，中国生猪保险保障水平已是日本的 3.68 倍，保障广度接近其 2 倍，保障深度是其 2 倍；奶牛保险保障水平、保障广度约为日本相应指标的 60%，两国奶牛保险保障深度基本相当，分别为 39% 和 35%。而作为中国畜牧业保险中占比较小的肉牛，其保险保障水平与日本的差距仍十分巨大，除了保障深度可以达到日本肉牛保险保障深度的 75.7%，保障水平、保障广度均仅相当于日本相应指标的 4% 和 3% 。

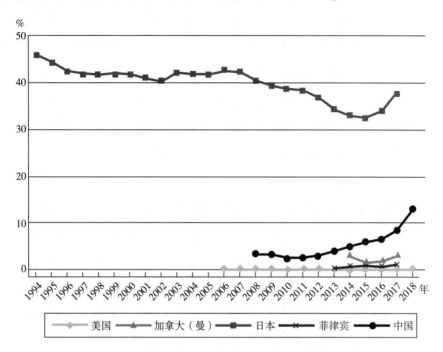

图 1 – 13　中国和典型国家（地区）畜牧业保险保障水平比较

表 1 – 5　中、日三大畜产品保险保障水平比较　　　　　　　　单位：%

国家	类别	肉牛保险	奶牛保险	生猪保险
日本 （2017）	保障水平	66. 75	38. 91	4. 75
	保障广度	90. 18	100. 00	24. 80
	保障深度	74. 02	38. 91	19. 15
中国 （2018）	保障水平	2. 83	24. 12	17. 47
	保障广度	2. 73	68. 91	46. 61
	保障深度	56. 06	35. 0	38. 74

5.3　中国农业保险保障存在的主要问题

研究发现，当前我国农业保险保障还存在如下五个方面的突出问题。

5.3.1 保障不充分，品少面窄标准低

1. 中央财政补贴的大宗农产品保险保障水平及保障广度较高，但保障深度不足。2018 年我国粮、棉、糖、生猪、奶牛保险保障水平大都超过了 20%，除生猪外其余产品保障广度（覆盖率）都超过了 50%，棉花、小麦、水稻和甜菜保险覆盖率甚至超过了 70%，但与此同时，这些重要农产品保险的保障深度大都在 30% ~ 45%，对标美国（2018 年美国玉米保险、棉花保险、大豆保险、小麦保险的保障深度都在 80% 以上，棉花保险甚至高达 91%），差距非常明显。

2. 农业保险承保品种少，很多地方特色产品没有纳入保险保障范围。2018 年我国农业保险承保品种 272 种，尽管覆盖了农林牧渔的各个方面，但相比于我国 743 种农产品而言，占比仅在 37% 左右。许多地方政府和农业生产者也反映，很多特色农产品，特别是扶贫脱贫产业涉及的许多地方特色农产品保险还未纳入中央财政保费补贴范围，即便省级财政提供了保费补贴，发展规模也依然有限，因此，优先将脱贫攻坚相关的地方特色农产品纳入中央财政补贴范畴，进一步推动农业保险"增品"显得尤为迫切。

3. 许多农业保险产品还处于零星试点阶段，保险规模和覆盖面不够。近年来，我国各地不断加大农业保险产品创新力度，葡萄、猕猴桃、鸡蛋、苹果、大枣、小龙虾、中草药等许多特色农产品保险不断涌现，但是这些保险产品大都停留在局部地区试点阶段，保险规模和覆盖面不足。在我国农业保险 270 多种保险产品中，非大宗农产品保险品种有 250 多种，占 94%，但保费收入只占到了 2018 年农业保险总保费收入的 20% 左右，可见每个保险产品的承保规模非常有限，如我国肉牛保险在 2018 年的保险覆盖率仅为 2.73%。

5.3.2 保障不平衡，品种和区域差异大

1. 产业产品间农业保险保障水平不平衡。现阶段，我国农业保险在产品间呈现出明显的不平衡，16 种中央补贴的保险产品占到了保费总收入的 80%，保障水平远高于其他非大宗农产品保险。2018 年我国主要农产品都获得了较好的风险保障，有中央财政保费补贴的保险产品保障水平较高，

粮食、棉花、糖料、生猪和奶牛保险保障水平分别为 29.42%、47.06%、19.98%、17.47% 和 24.12%，但花生保险保障水平仅为 8.98%，肉羊、肉牛等更为小众品种的保险保障水平仅为 2.91% 和 2.83%，肉牛保险保障广度甚至不足 3%。

2. 区域间农业保险保障水平不平衡。北京与上海两个直辖市农业保险保障水平遥遥领先于其他省份，是全国平均水平的 4 ~ 5 倍。2018 年我国农业小省、中等省份和农业大省的农业保险保障水平分别为 32.58%、26.88% 和 23.80%，"农业大省保障小省" 的问题依然存在。各省农业、种植业和养殖业保险保障水平最高与最低省份的差距都超过了 30 倍，玉米保障水平最高省份（北京）为 62.02%，最低省份（河南）为 1.09%；小麦最高省份（浙江）为 62.19%，最低省份（重庆）为 0.1%；水稻最高省份（上海）为 72.37%，最低省份（云南）为 7%；生猪最高省份（北京）为 64.09%，最低省份（云南）为 0.35%。

5.3.3 补贴机制固化，激励导向性不足

1. 农业保险补贴方式单一。根据世界银行的调查，目前世界各国政府对农业保险的支持有保费补贴、经营管理费补贴、再保险补贴、培训教育补贴和产品开发补贴五种形式。美国和加拿大对农业保险的支持采取了上述五种形式，日本和印度主要是保费补贴、经营管理费补贴和再保险补贴三种方式，菲律宾采取了保费补贴和再保险补贴两种支持方式，而我国政府对农业保险的支持只采用了保费补贴一种方式。根据银保监会的数据，2012 年以来保费补贴占政府农业保险总补贴额的比例一直在 99.8% 左右。

2. 农业保险保费补贴缺乏弹性。保费补贴是政府提高农业保险相关主体积极性，利用政府资金撬动社会资本，引导资源使用方向的一种有效的方式和经济手段。但过去十年，我国农业保险保费补贴比例一直在 78% 左右，产业间、品种间差别不大。2018 年尽管主要农产品保险的保障水平差异明显，但高保障的大灾保险、完全成本保险和传统的物化成本保险基本采取相同的保费补贴比例，都在 81% 左右；分省份看，保费补贴比例缺乏弹性的问题同样存在，如 2018 年各省生猪保险保费补贴比例大都在 75% 左右，62% 的省份玉米保险保费补贴比例在 75% 左右。

3. 农业保险补贴导向性反应滞后。党的十九大报告和乡村振兴战略规划明确提出要实施质量兴农、绿色兴农战略，强调农业生产导向要从增产向提质转变，可以说，未来我国农业农村发展不再单纯强调大宗农产品数量的增长，会更加强调农产品品质的提升和农业农村生态和环境的改善。但目前，我国农业保险保费补贴并未突出这一政策导向，按照"中央保大宗、地方保特色"的原则，当前我国农业保险各级财政保费补贴资金主要用于大宗农产品保险的保费补贴，2018 年中央财政补贴的 16 种农产品保险保费补贴资金占到了各级政府保费补贴总量的 83%，而对于如草原等有利于生态环境保护的保险产品补贴不多，甚至没有。

5.3.4 定价不科学，逆选择问题凸显

科学厘定农业保险费率，使保险价格和其承保的风险相匹配，既是确保农业保险健康持续发展的重要举措，也是营造农业保险市场良好环境和激发市场主体活力的必然要求。然而，我国农业保险费率厘定还较为粗放，各省依然采用"一省一费"的简单做法。绝大部分省份的费率水平较为一致，许多地理位置、自然条件相差巨大的省份保险费率相同，未能体现出各省风险的差异。如贵州和江苏两省 2018 年油菜籽保险费率均为 4%，但过去十年这两个省的简单赔付率分别为 101% 和 14%。农业保险费率定价不科学不合理的问题必须尽快加以解决，否则不仅制约农业保险公司的持续发展能力，也会诱发逆选择，成为阻碍农业保险保障水平提升新的因素。如，湖北省玉米保险、生猪保险和肉羊保险中赔付率均处于全国前列，保险公司在该省开展业务的风险极大，影响了保险公司承保的积极性，这也可能是湖北省农业保险保障水平很低、处于全国倒数位置的一个重要原因。

5.3.5 理赔不尽规范，协议理赔问题突出

该问题从两方面得到反映，一是在我国农业保险赔付率走高的同时赔付率波动幅度变小。2008—2017 年分段分析，第一个五年（2008—2012 年）我国农业保险平均赔付率为 54%，赔付率变异系数为 1.7，第二个五年赔付率增加至 64%，但赔付率变异系数降低为 0.22。具体品种保险的赔付情况也呈现出赔付率波动幅度降低的趋势，除大豆、棉花和水稻保险外，在 2013—2017

年各品种保险赔付率的波动幅度较第一个五年明显降低，畜产品保险降幅最为明显，生猪保险赔付率变异系数从 2.3 下降到 0.12，奶牛从 13 降低为 1.3。我们认为，农业保险赔付率走高，说明过去十年农业保险承保风险不断加大，按理说，在风险加大的情况下农业保险赔付率的年度间差异不应该减少。我国农业保险赔付率波动幅度变小，很有可能是实践中农业保险赔付在有灾年份少赔一点、无灾年份也赔一点造成的。与国外相比也能说明这一点，2008—2018 年，美国农作物保险的简单平均赔付率变异系数为 0.41，加拿大（曼）为 0.74，日本为 0.54，印度为 0.61，土耳其为 0.28，菲律宾为 0.31，分别是中国的 2.64 倍、4.8 倍、3.51 倍、3.95 倍、1.81 倍和 2.02 倍。也有学者利用中国民政部农作物绝收面积数据测算指出，我国农业保险赔付波动过低，可能只是真实赔付波动的 1/3。二是部分种植业产品和畜牧业保险赔付在受益率上升的同时单位保费赔付额降低。尽管农业保险受益率或单位保费赔付额的高低本身无所谓好坏，其数值取决于保险产品设计和灾害风险的大小，但过去十年，无论是在 2015 年取消农业保险绝对免赔之前还是之后，都有许多省份农业保险赔付受益率和单位保费赔付额为负相关关系。我们认为，按照保险基本原理，如果农业保险赔付的受益率很高，则说明当年造成农业损失的灾害风险波及范围很广，可能给更多农户或多个地区农民同时造成严重的损失，即保险受益率和单位保费赔付额之间可能存在正相关或者不相关，但两者不可能为负相关关系。但从全国层面看，过去十年我国玉米保险、甘蔗保险、生猪保险和奶牛保险都存在这种受益率和单位保费赔付额呈负相关关系的异常现象，分省看，存在这种异常现象的省份不在少数，如 60% 左右的省份在玉米保险和生猪保险赔付中受益率和单位保费赔付额存在负相关。因此，这种数据上表现出的反常情况，不能排除我国农业保险运营中协议理赔或人为干预保险理赔的可能性。

6. 对策和建议

习近平总书记在 2013 年中央农村工作会议强调"农业保险一定要搞

好"[①]。2019 年中央一号文件明确要求"按照扩面增品提标的要求，完善农业保险政策"。为推动我国农业保险高质量发展，使农业保险在乡村振兴战略中发挥更大的作用，着力解决上述五个方面的问题，提出如下建议。

6.1 全面总结经验和问题，为高质量发展提供支撑

过去十二年，我国农业保险发展迅速、成绩喜人，但在发展过程中也暴露出了许多问题，且这些问题并不是孤立存在的，而是具有内在关联性，需要系统性地加以解决，但目前尚缺乏全面系统深入的研究和总结。另外，近年来农业气象指数保险、价格指数保险、收入保险、"保险＋期货""保险＋期货＋信贷"等农业保险产品和模式创新不断涌现，但多为零散的局部试点，还没有形成能够大范围推广的标准化范式。因此，有必要对过去十二年我国农业保险发展的经验和问题进行深入分析、系统梳理和全面总结，提出一些规律性和普适性的遵循原理，形成可复制和推广的发展模式，为新时期我国农业保险的顶层设计、制度建设和高质量发展提供支撑。

6.2 更新发展理念，适应新的形势要求

适应我国经济进入高质量发展的新时代和国内外复杂形势变化对农业农村改革发展提出的新要求，面对"双灯限行、两板挤压"的农业农村发展严峻形势，农业保险要与时俱进，更新理念，将习近平总书记关于"三农"工作的重要论述作为根本遵循，以服务乡村振兴战略、满足现代农业发展需要和提高农业国际竞争力为出发点和落脚点，研究制定农业保险新时期发展原则。借鉴国际农业补贴制度发展趋向和适应世贸组织规则，改革农业直接补贴为间接补贴，有效运用农业保险这一市场化的风险管理工具，更好发挥农业保险保障的杠杆作用和倍增效应，加大对农业保险的财政补贴力度，完善农业支持保护政策。在确保粮食安全和主要农产品有效供给的基础上，要拓

---

① 见《在中央农村工作会议上的讲话》（2013 年 12 月 23 日），《十八大以来重要文献选编》，中央文献出版社，2014.

宽中央财政农业保险补贴范围，将有助于提高农民收入和有利于绿色发展的特色农产品纳入中央财政补贴范围，因地制宜地发展多样性地方特色农业。面对深刻变化的农业农村形势和复杂风险环境，转变农业风险管理单一方式，协调农户、市场和政府等各类主体，整合各种风险管理工具，从全产业链的角度综合管理各类风险，开展"保险＋期货""保险＋担保＋信贷"等农业综合风险管理机制的探索。

6.3 加强顶层设计和系统规划，提供组织与制度保障

加强组织保障是有序规范推进农业保险发展的必要条件，但过去十多年中央层面一直没有明确的农业保险领导协调专门机构，相关部委多从自己部门管理的角度制定政策和规则，致使我国农业保险发展缺乏总体规划和协调，这也是各界反映最为突出的问题之一。为此，应尽快建立中央农业保险领导协调的专门机构，对事关农业保险发展的重大理论、政策和制度问题统一组织研究，加强农业保险顶层设计，加强国务院相关部委以及中央与地方之间的沟通协调，编制我国农业保险中长期发展规划；同时完善农业保险组织管理和制度体系，合理界定政府和市场、中央和地方政府的责权利和行为边界，研究制定"农业保险法"，加强农业保险监管，禁止违法违规，用制度建设推动农业保险高质量发展。

6.4 坚持"扩面增品提标"方向，明确新时期发展重点

"按照扩面增品提标的要求，完善农业保险政策"是2019年中央一号文件第五部分对农业保险发展确定的原则和要求，也是提高农业保险保障水平的有效途径，农业保险必须坚持这一发展方向。发展适度规模经营是农业现代化重要途径，脱贫攻坚是当前党和政府的中心任务。农业生产经营规模越大面临的风险越高，生产经营主体风险保障程度要求越高、需求越强烈，习近平总书记也多次强调"新型农民搞规模种养业，风险也加大了，农业保险一定要搞好，财政要支持农民参加保险"；贫困地区多以特色农产品生产为主，而地方特色农产品保险保障水平明显偏低，加大对特色

农产品保险的支持力度也有利于贫困地区脱贫和预防返贫。所以我们建议：一是以服务新型经营主体为重点，扩大大灾保险、完全成本保险和收入保险试点范围，提高农业保险保障标准和水平；二是加大特色农产品保险的中央财政支持力度，推动地方特别是贫困地区特色农业保险扩面和增品。之所以强调中央财政支持特色农业保险，是因为我国农业保险保费实行中央和地方共同补贴的办法，中央财政对大宗农产品的保费补贴是建立在地方财政已有保费补贴的基础上的，许多地方尤其是县级政府要足额完成中央财政补贴目录内16种保险产品的相应补贴任务都很困难，更无力补贴特色农产品保险，这严重影响了地方特色农产品保险发展。中央财政支持可采取两种方式，一是采取"以奖代补"的方式加大对地方特色保险的支持，二是可加大中央财政对现有大宗农产品保险的保费补贴比例，让地方政府腾出财力来补贴特色保险产品。

6.5 完善财政补贴制度，加大激励引导作用

加大农业保险财政支持力度是政府完善支持保护政策的重点取向，要更好发挥农业保险财政补贴的政策功效，一方面要完善财政补贴制度，研究不同产业和不同类型生产经营主体的保障需求，构建普惠性和高保障相结合的农业保险产品体系，并实行差异化保费补贴政策，提供更具弹性的保费补贴方式，根据风险保障水平高低确定政府保费补贴比例大小，保障水平越高保费补贴比例越低。这样既为贫困户和小农户提供高额补贴的普惠性农业保险产品，又为农业新型经营主体提供保障程度更高的保险产品，既满足市场多样化的产品需求，又减轻政府的财政补贴压力。同时要改革完善农业保险补贴结构，从单一保费补贴向"三项补贴"（保费补贴、经营费用补贴和再保险补贴）转变，充分发挥多元化补贴的激励导向作用，增大农业保险补贴的政策空间。另一方面要更加突出中央财政保费补贴的绿色导向、生态导向和质量导向，建立以粮食安全保障率、生态环境贡献度为主要标准的新型中央财政农业保险补贴机制，通过财政补贴引导农业保险更好服务于乡村振兴战略。

6.6 开展风险评估和费率区划，夯实农险发展基础

许多国家农业保险发展的实践已经证明，农业风险区划和科学厘定保险费率是确保农业保险健康持续发展的基础，是一项"牵一发而动全身"的重要基础性工作。如果费率不科学不合理，会引发农业保险市场各主体的逆选择和道德风险，损害农业保险的持续发展。另外，如果不进行风险分区和费率精算工作，政府部门也对农业保险经营主体的承保利润是否合理"心里没底"，加大了人为干预"保险经营"的可能性。因此，建议由中央主管部门牵头，协调农业、气象、林业、保监和国土部门提供数据支撑，同时成立由高校科研单位、保险行业和基层农技服务站等组成的工作组，制定全国农业保险风险分区和费率厘定的标准和实施方案，利用大数据技术开展基于多源数据相互支撑和相互验证的农业风险评估、区划和保险费率厘定工作，用科学定价来降低农业保险操作中的逆选择和道德风险问题，提高农业保险保障水平。

6.7 加快科技推广应用，提高服务和监管水平

在农险业务运营上，鼓励各保险主体利用大数据、物联网、区块链、3S＋5G等现代信息技术手段开展农业保险承保理赔业务，提高农业保险服务效率和服务质量；在农险市场监管上，搭建全国农业保险大数据平台，统筹管理涉及农业保险的所有相关信息，开展保险数据和农情灾情数据的对接与共享，实现农业保险业务实时监测和全方位监管。另外，借鉴美国农业保险反欺诈的经验，与科研单位合作组建中国农业保险反欺诈研究中心，利用科技手段和海量数据来监测识别农业保险可疑保单，给农险监管配上尖刀利器；推广北京市农业保险承保全流程电子化的经验，在承保公示环节通过短信验证和电子链接的方式，将农业保险承保信息发送到被保险人手机终端，使被保险农户即便出外打工也能够对保单信息进行校验，既保证了农民的知情权，降低了保险公司的营运成本，又发挥了广大农户的监督作用。利用现代科技手段，提高农业保险监管的及时性和有效性。

完整版

第一篇 全国篇

全国农业保险保障分析

本篇主要是从全国层面对我国农业保险保障的总体情况进行全景描摹和对比分析，重点突出我国农业保险保障的基本情况、演变趋势和主要特征。根据反映农业保险保障情况的三个指标——保障水平、保障杠杆和保障赔付，本篇分为三章。每章又按照农业、种植业和畜牧业的结构，对各产业保险保障情况进行系统分析，并对关系国计民生的主要农产品保险保障进行重点监测。

1. 农业保险保障水平

1.1 农业

全国农业保险保障水平再创历史新高，2018 年全国农业保险保障水平达 23.25%；畜牧业保险保障水平首次反超种植业，打破了维持十年之久的"种强养弱"的保障水平产业格局。农业保险保障水平是反映农业保险对农业产业整体保障程度的指标，经过十多年的发展，我国农业保险保障水平稳步提升，农业保险保障水平从 2008 年的 3.59% 增长到 2018 年的 23.25%，11 年提高了 6 倍有余，年均复合增长率达 18.51%。分产业看，种植业保险保障水平起步高、发展快，农业保险保障水平始终保持着"种强养弱"的基本格局。但在 2015 年后，畜牧业保险保障水平提升速度进一步加快，种、养两业保险保障水平逐步走向平衡，畜牧业保险更是在 2018 年首次实现了对种植业保险保障水平的反超。

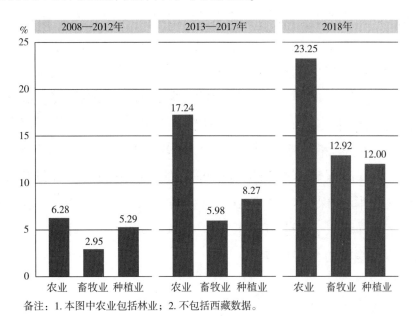

备注：1. 本图中农业包括林业；2. 不包括西藏数据。

图 2－1 全国农业保险保障水平

1.2　种植业

种植业保险保障水平进一步提升，特别是保险保障广度迅猛提升，支撑种植业保险保障水平不断攀升，保障深度虽也有所提高，但增长相对缓慢，成为制约种植业保险保障效果的突出"短板"。总体来看，粮、棉、油、糖等关系国际民生的重要农产品已得到较好保障，保障水平在十年中均有不同程度的提升。特别是保险保障广度提升迅速，保险"扩面"成效显著，大豆、油料作物（花生、油菜籽）保障广度不足50%，玉米保障广度在60%水平，其他作物保险保障广度均超过70%；保障深度及增速相对保障广度而言略显滞后，多数产品保障深度处于30%~45%区间内，但"提标"成果也已显现，主要农产品亩均保额已经能较好地覆盖相应作物生产的物化成本，对生产成本、全成本的覆盖程度也在不断提升。

从种植业内部结构看，纤维作物（棉花）是我国种植业中保险保障水平最高的品种，粮食作物其次，糖料作物在2008—2012年最低，2013年以后油料作物垫底。过去11年四类种植业保险保障广度、保障深度和保障水平都有了较快增长，和第一个阶段（2008—2012年）相比，2018年纤维作物保险保障水平提高了2倍，粮食作物增长了1.5倍，油料作物增加了1倍，糖料作物保险保障水平更是增长了8倍。从保险的保障结构来看，在第一个阶段，四类种植业保险的保障广度和保障深度差距最小，差距都在10个百分点之内，油料作物和糖料作物保险的保障深度甚至要大于保障广度，但是2013年以后，保障结构发生了变化。除纤维作物外，其余品类作物保险保障广度和保障深度之间的差距加大，纤维作物、粮食作物和糖料作物的保障广度都处于一个较高水平上，2018年都超过了60%，彼此差异不大，但保障深度相差巨大，成为决定种植业不同品类作物间保障水平差异的主要因素。

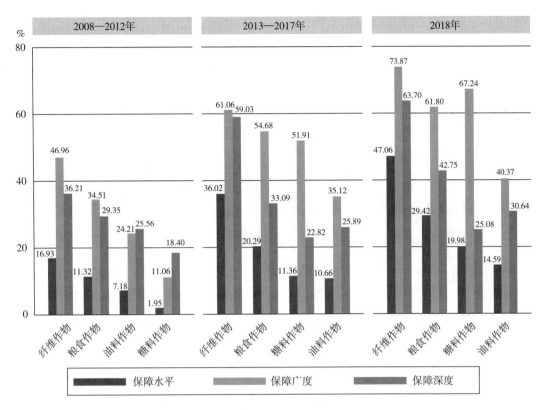

图2-2 全国主要农作物保险保障水平（分大类）

另外，从我国种植业保险主要品种在三个阶段的保障水平情况来看，可以明显看出三个方面的特征。（1）棉花一直是我国种植业中保障水平最高、保障广度和保障深度发展最为均衡的品种；（2）三大主粮（水稻、玉米和小麦）保险保障水平在三个阶段也都处于较高位置，仅次于棉花，但三个品种保险的保障结构有所差异。小麦保险保障属于相对均衡发展的类型，保障广度和保障深度差距最小，第一个阶段中小麦保险保障深度甚至要略高于保障广度，在保障深度的引领下小麦保险保障水平在2013年后一直处于粮食作物的最高水平。玉米保险保障属于广度增长乏力的类型，相比于前一个五年（2013—2017年），2018年玉米保险的保障广度净增加了2个百分点，远低于小麦和水稻13个和7个百分点的增长速度，这和2017年玉米库存高企、玉米供给侧结构性改革有关。水稻保险在保障深度方面的短板最为严重，其在三大粮食作物中保障广度一直处于首位，但深度不足成为其最大的短板；（3）糖料作物保险保障水平提升较快，尤其是保障广度指标和棉花、三大主粮基本持平，但油料作物保险保障水平增长缓慢，横向比较在我国种植业保险保障水平中的排位从 2008—2012 年的前列下滑到最后。

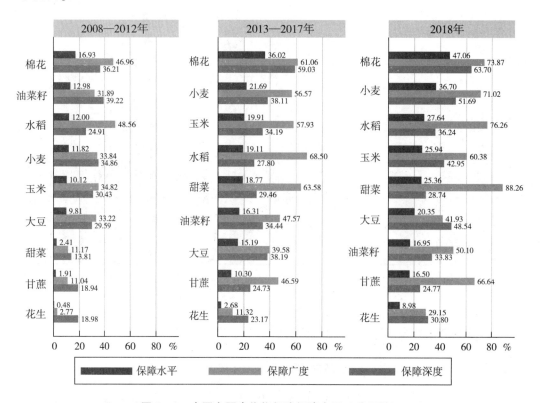

图 2-3 全国主要农作物保险保障水平（分品种）

1.2.1 粮食作物

粮食作物，特别是三大主粮作物，保险保障水平及保障广度、保障深度依然保持在相对高位，但保障水平增速较其他品种略低；大豆保险保障水平与三大主粮作物有较大差距，主要原因是保障广度拓展不足。（1）粮食作物是我国种植业保险保费收入的主要来源，2018 年，粮食作物保险保障水平达 29.42%，高于种植业保险总体保障水平，其中，小麦保险保障水平最高、增幅最快。（2）从保障广度看，三大主粮作物保险覆盖面均已超过其播种面积的 60%，能覆盖相应品种划定的生产功能区面积的 80% 以上；大豆保险保障广度则较低，仅相当于大豆播种面积的 40% 左右。分品种看，2018 年，水稻保险承保面积 3.45 亿亩，与划定的 3.4 亿亩水稻生产功能区面积基本相当，占全国水稻播种面积的 76.26%，在三大主粮作物中最高；

小麦保险承保面积 2.58 亿亩（1 亩 = 666.7 平方米），相当于 3.2 亿亩小麦生产功能区面积 80.62%，覆盖了全国小麦播种面积的 71.02%；玉米保险承保面积 3.81 亿亩，覆盖了全国玉米播种面积的 60.38%，相当于覆盖了 4.5 亿亩玉米生产功能区面积 84.66%；大豆保险承保面积 0.53 亿亩，覆盖了全国大豆播种面积的 41.93%，相当于 1 亿亩大豆生产保护区面积的 53%，在各观测品种中属于保障广度偏低的品种。（3）从保障深度看，包括大豆在内的粮食作物保险亩均保额已能够覆盖亩均物化成本的 90% 以上，但对亩均全成本和亩均产值的保障程度基本维持在 40% 左右。也即，粮食作物农业保险基本实现了对物化成本的较好保障，但对作物总产值和全成本的保障程度仍然不足，一旦发生灾害损失，农业保险能够实现的补偿有限，影响了受灾农户的获得感。

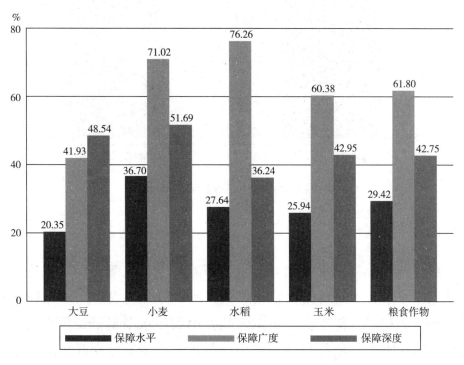

图 2-4　2018 年我国主要粮食作物保险保障水平

1.2.2　纤维作物（棉花）

以棉花为代表的纤维作物始终是保障水平最高的品种，其最大优势表现在保障深度较其他品种更高，保障广度、保障深度发展均衡。2018 年，棉花保险保障水平达 47.06%，领先优势进一步加大；承保面积 3 716.92 万亩，保障广度 73.87%，承保面积超过国家划定的 3 500 万亩（1 亩 = 666.7 平方米，下同）棉花生产保护区面积；棉花亩均保额 1 067.24 元，保险保障深度 63.70%，与保障广度基本相当，位居各主要农产品之首，亩均保额是棉花生产亩均物化成本的 159.26%、亩均全成本的 45.78%。

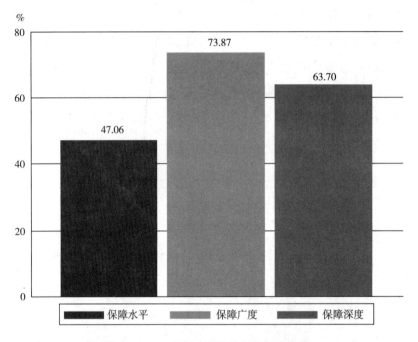

图 2 - 5　2018 年我国棉花保险保障水平

1.2.3　油料作物

油料作物保险保障水平相对较低，保障广度、保障深度发展均相对滞后。从保障水平看，油料作物是粮、棉、油、糖几类农产品中保障水平最低的品种，油菜籽、花生也是各主要品种中保障水平最低的两个品种。其中花生保险保障水平始终是各品种中最低水平，油菜籽保险保障水平起点较高但增速乏力，逐渐被其他作物超越。从保障广度看，2018 年，油菜籽承保面积 4 772.87 万亩，占油菜籽播种面积的 50% 左右，相当于 7 000 万亩油菜生产保护区面积的 68.18%；亩均保额 241.98 元，与油菜籽生产的亩均物化成本基本相当，占其亩均生产成本的 30.25%、亩均全成本的 26.23%、亩均产值的 34.37%。花生承保面积 2 002.78 万亩，尚不足花生播种面积的 30%，与其他品种相比具有较大差距，亩（1 亩 = 666.7 平方米）均保额 439.32 元，保障深度在 30% 左右，但对亩均物化成本的覆盖率达 95%。

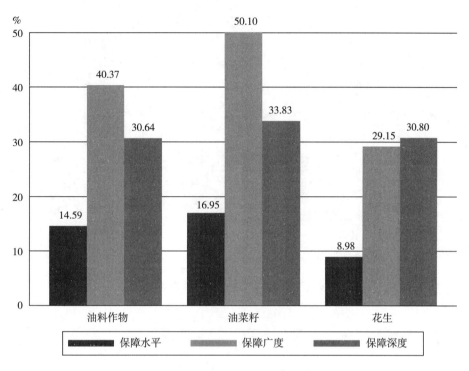

图 2 - 6　2018 年我国油料作物保险保障水平

1.2.4　糖料作物

糖料作物保险保障水平增速较快，但广度、深度发展失衡，其中保障广度优势明显，保障深度拓展不足。从总体保障水平看，糖料作物保险保障水平虽与纤维作物（棉花）、粮食作物等有一定差距，但过去十年间，其保障水平年均增速近 50%，为各品种之最。其中，甜菜保险保障水平年均增速更是高居各作物之首，甘蔗保障广度增速领先于其他作物。相较于其他作物，糖料作物保险保障广度具有一定优势，最大差距表现为保障深度拓展不足。2018 年，甜菜、甘蔗保险保障广度分别为 88.26% 和 66.64%，是主要作物中保障广度最高的两个品种，但其保障深度仅为 28.74% 和 24.77%，又是种植业主要品种中保障深度最低的两个。

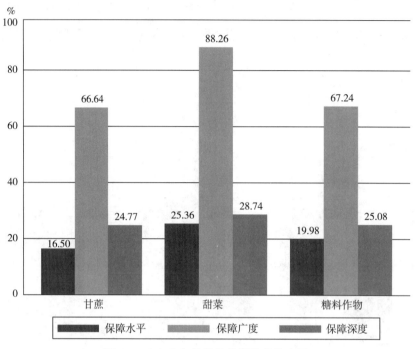

图 2 - 7　2018 年糖料作物保险保障水平

1.3　畜牧业

畜牧业保险保障水平先降后升，正进入加速发展时期，但是保障水平品种间保险保障水平差异较大、保障广度略显不足、保险品种较为有限，在一定程度上限制了畜牧业保险保障水平的进一步提升。总体来看，近年来畜牧业保险保障水平提升速度明显加快，2018 年全国畜牧业保险保障水平达 12.92%，创历史新高，更是首次超过种植业保险保障水平，十年间增长近 150%，年均复合增长率 12.9%。从品种上看，畜牧业保险保障水平品种差异较大、保费规模占比较大的生猪、奶牛保障水平较高，而保费规模占比较小的肉牛、肉羊保障水平则相对较低。从具体维度上看，畜牧业各主要品种保险保障深度基本在 30%~40%，与种植业多数品种基本相当甚至略有优势，肉牛保险保障深度达 56.06%；但畜牧业保险保障广度差距明显，2018 年仅有奶牛保险保障广度超过了 50%，生猪保险保障广度处在 46% 的较高水平，而肉牛保险和肉羊保险的保障广度很低，2018 年肉牛保险保障广度仅为 2.73%。

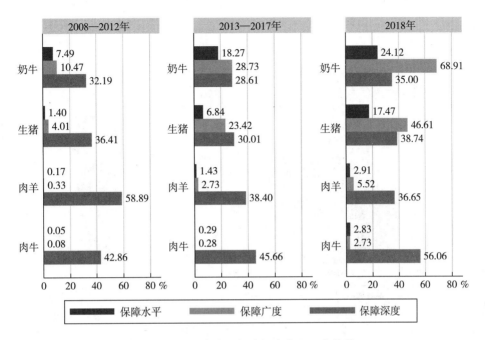

图 2-8　主要畜产品保险保障水平（分品种）

1.3.1　大牲畜

奶牛是目前畜禽养殖品种中保险保障水平最高的畜产品。2018 年奶牛保险保障水平虽不及三大主粮作物和棉花，但与糖料、油料作物相当，在所观测的 13 种中央财政补贴的农业保险品种中属于中等水平。另外，从保障广度指标看，奶牛保险覆盖率也达到了一个较高的水平，2018 年全国奶牛保险保障广度接近 70%，假定奶牛年均投保 1 次，则全国有近七成的奶牛已纳入农业保险保障范围，这一水平和玉米保险的覆盖率基本接近，在种植业保险中也处于前列。

肉牛是畜牧业中保险保障水平最低的品种，也是各主要观测农产品中保障水平最低的品种，且其保障广度、深度发展严重不均衡。2018 年，肉牛保险保障深度达 56.06%，为畜牧业各品种之最，在 13 种主要农产品中仅次于棉花保险，但是其保障广度只有 2.73%，也就是说全国仅有 2.8% 左右的肉牛在保险覆盖范围之内，保险覆盖面严重不足，亟待"扩面"。

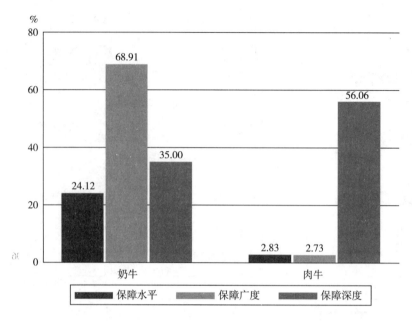

图 2 - 9 2018 年全国大牲畜保险保障水平

1.3.2 小牲畜

生猪是我国畜禽养殖业保险的主要投保标的，保费收入占养殖业保费收入的近七成，规模远大于其他品种。从保障水平看，生猪保险是畜牧业中保障水平仅次于奶牛的第二大险种，但保障深度不断下滑，2008—2012年生猪保险保障深度为 36%，第二个五年（2013—2017 年）降低到30%，虽然仍略高于奶牛，但仅高出 1 个百分点，2018 年生猪保险保障深度回升到 38.74% 的水平，但保障深度依然是主要畜产品保险中最低的。与此同时，生猪保险保障广度增速明显，带动生猪保险保障水平持续增长。

肉羊保险是我国农业保险中"起点低、增速快"的险种，其保险保障水平虽然有限，还不如主要种植业保险品种的一个零头，但近年来随着内蒙古、宁夏等肉羊主产省份对肉羊保险的重视，肉羊保险发展速度加快，保障水平增速位居榜首，保险保障广度和保障深度这两个指标的增速也位列前茅。从保障水平具体指标看，肉羊保险保障深度与粮食、大豆等农作物保障深度基本相当，但保障广度仅为 5.52%，和种植业差距明显。

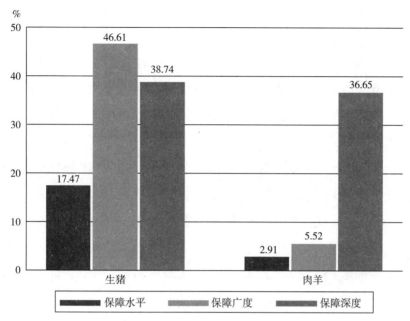

图 2 – 10　2018 年全国小牲畜保险保障水平

1.4　本章小结

农业保险保障水平是衡量农业保险对农业产业整体保障程度的指标，通过对农业、种植业、畜牧业和主要农产品保险保障水平的分析，可以发现：

（1）全国农业保险保障水平持续增长、再创历史新高，2018 年全国农业保险保障水平达 23.25%，种植业、畜牧业保险保障水平均呈上升态势，农业保险对农业产业的保障能力进一步增强。

（2）种植业保险保障广度迅猛提升，是支撑种植业保险保障水平不断攀升的主要因素，但保障深度增长则相对缓慢，如何进一步提升种植业保险保障深度是种植业保险下一步发展的重点。

（3）畜牧业保险保障水平正进入加速发展时期，2018 年畜牧业保险保障水平首次反超种植业，打破了维持十年之久的"种强养弱"的保障水平产业格局。不过，虽然从总体上看，畜牧业保险保障超过了种植业，但从具体品种看，主要畜产品保险保障水平与主要农作物仍有一定差距。除此之外，主要畜产品间保险保障水平差异较大、保障广度略显不足、保险覆盖的畜产品品种较为有限等问题，在一定程度上限制了畜牧业保险保障水平的进一步提升。

（4）关系国计民生的主要农产品已得到较好保障，"扩面、提标"成效显著。从保障广度看，主要农产品特别是种植业主要农作物保险保障广度达到较高水平，保险覆盖面基本达到相应作物播种面积的60%甚至70%以上，可达到国家划定的"粮食生产功能区""重要农产品生产保护区"面积的80%以上的标准。从保障深度看，种、养两业主要产品保险保障深度相差不大，单位保额已经能较好地覆盖相应作物生产的物化成本，对生产成本、全成本的覆盖程度也在不断提升，农业保险"提标"成效初显。不过总体来看，相较于不断上升的单位产值和单位全成本，主要农产品所能提供的保险保障程度仍然不足，多数产品保障深度在30%~40%水平，一旦发生灾害损失，农业保险能够实现的补偿有限，也在很大程度上影响了受灾农户的获得感。

（5）从具体作物看，棉花和三大主粮作物（水稻、玉米和小麦）保险保障水平一直处于相对领先地位；糖料作物保险保障水平增速较快，但广度、深度发展失衡，其中保障广度优势明显，保障深度拓展不足；油料作物保险保障水平发展则相对滞后，保障广度、保障深度都拓展有限。养殖业各主要畜禽品种保险保障水平较种植业尚有较大差距，即使保险保障水平最高的奶牛，其保障水平也仅与种植业中保障水平较低的大豆、甘蔗等作物相当；而畜禽产品中保障水平较低的肉牛、肉羊等品种，其保险保障水平甚至仅为保障水平最低的作物——花生的1/4。

2. 农业保险保障杠杆

2.1 农业

农业保险保障杠杆效应进一步凸显，单位保费所能获得的风险保障金额呈上升态势。过去11年，农业保险保障杠杆从第一个阶段（2008—2012

年）的 28.22 倍提升到 2018 年的 46.59 倍，也即单位保费可获得的风险保障从不足 29 元提高到近 47 元，农业保险保障杠杆效应明显。分产业看，种、养两业保险保障杠杆均成上升态势，其中，畜牧业保险保障杠杆较种植业更高，2008—2018 年畜牧业和种植业保险保障杠杆均值分别为 20.85 倍、18.02 倍；而种植业保险保障杠杆增速较畜牧业更快，2008—2018 年种、养两业保险保障杠杆年均复合增长率分别为 3.01%、1.17%。2018 年种、养两业保险保障杠杆基本维持在 21 倍左右，即单位保费可获得风险保障金额约为 21 元。

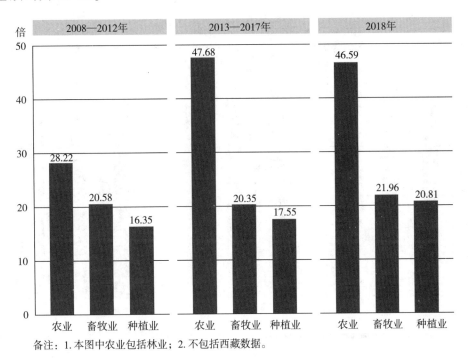

备注：1.本图中农业包括林业；2.不包括西藏数据。

图 2-11 全国农业保险保障杠杆

过去十一年，我国农业保险保费补贴比例基本稳定，产业间支持力度差异不大，但保费补贴的政府杠杆效应翻番，种植业保险政府杠杆虽不断走高，仍略低于畜牧业保险保障杠杆。2008—2018 年，我国农业保险保费补贴比例平均在 77% 左右，整体看呈现出倒"U"形走势，2018 年和之前的五年（2013—2017 年）相比，农业、种植业和畜牧业保险的保费补贴比例降幅都超过了 2 个百分点，主要原因是 2018 年农业保险承保结构中补贴比例更低的地方特色作物保险占比增加。从政府杠杆指标看，过去 11 年，农业保险政府保费补贴资金的放大效应明显，政府杠杆从第一个阶段

（2008—2012 年）的 36.82 倍提升到 2018 年的 62.43 倍，也即单位政府保费补贴资金购买的风险保障从不足 37 元提高到近 63 元。分产业看，和保障杠杆走势一样，种植业保险政府杠杆不断走高，年均复合增长率 2.99%；而畜牧业保险政府杠杆先抑后扬，2018 年畜牧业保险政府杠杆为 29.62 倍，较之前的五年（2003—2007 年）和第一个五年（2008—2012 年）的平均水平分别提高 16% 和 9.7%；总体来看，过去十一年，畜牧业保险的政府杠杆一直高于种植业，但两者的差距在缩小，2018 年畜牧业保险和种植业保险的政府杠杆分别为 29.62 倍和 28.12 倍，仅高出 5.3 个百分点。

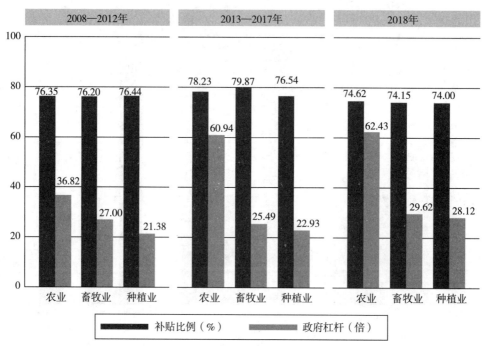

备注：1. 本图中农业包括林业；2. 不包括西藏数据。

图 2 – 12　全国农业保险保费补贴比例及政府杠杆

2.2　种植业

尽管总体看，过去十一年我国种植业保险保障杠杆和政府杠杆稳步提升，财政资金放大效应从第一个阶段的 21.38 倍提高到 2018 年的 28.12 倍，但从内部看，不同品类种植业保险的保障杠杆走势不一，第一个五年（2008—2012 年）糖料作物保险保障杠杆最高，第二个五年（2013—2017

年）油料作物最高，2018 年糖料作物保险保障杠杆重回榜首。2008—2012
年，政府对油料作物的保费补贴比例最高，超过了 80%，糖料作物保险保
费补贴比例最低，为 63.28%，但糖料作物保险保障杠杆和政府杠杆最高，
分别为 22.74 倍和 36.79 倍。2013 年以后，种植业四大品类保险的政府保
费补贴比例差距缩小，在 71% ~ 79%，其中，糖料作物保险在经过 2013—
2017 年的提费之后，2018 年保障杠杆尽管依然为四大品类作物保险中最高
的，但保障杠杆较第一个阶段下降了 15%；其余三类作物保险品种保障杠
杆和政府杠杆均有所增加，粮食作物、油料作物和纤维作物保险单位保费
撬动的保额从 15.96 元、17.68 元和 12.98 元提升至 2018 年的 18.19 元、
18.34 元和 14.24 元。

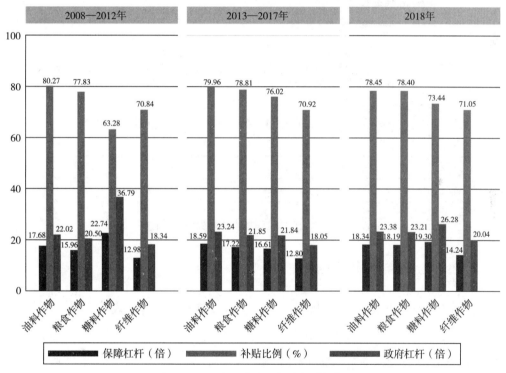

图 2 – 13　全国种植业保险保障杠杆

2.2.1　粮食作物

从保障杠杆看，2018 年我国粮食作物保险保障杠杆为 18.19 倍（折合
保险费率 5.5%），小麦最高，为 21.36 倍（折合费率 4.68%），大豆最低
为 11.74 倍，费率为 8.5%；从保费补贴比例来看，过去 11 年我国粮食作

物保险的保费补贴比例变动不大，2018 年补贴比例为 78.40%，三大主粮作物保险保费补贴比例在 78%~80%，大豆略低接近 73%；从政府杠杆来看，2018 年我国粮食作物保险政府保费补贴的资金放大效应明显，1 元财政资金可获得 23.21 元的风险保障，其中，小麦保险的财政资金放大作用最大为 27.11 倍，大豆最低。

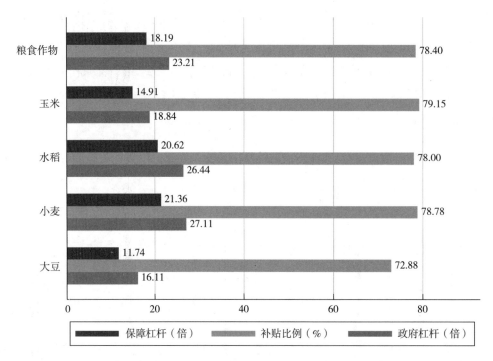

图 2－14　2018 年我国粮食作物保险保障杠杆

2.2.2　纤维作物（棉花）

棉花是我国种植业中保障水平最高的作物品种，但政府补贴比例并不是最高的，补贴比例（约 71%）低于三大主粮作物（约 78%）。2018 年，我国纤维作物棉花保险保障杠杆只有 14.24 倍，表明全国棉花保险费率在 7% 左右，保障杠杆在种植业保险中处于较低水平，政府补贴资金的资金放大效应在 20 倍左右。棉花保险保障杠杆较低和保障水平最高似乎相矛盾，这可能和我国棉花生产大都集中在新疆有关，另外也说明政府保费支持力度并不是决定农业保险保障水平的唯一因素。

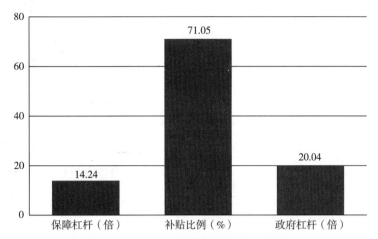

图 2 - 15   2018 年我国棉花保险保障杠杆

2.2.3 油料作物

2018 年，全国油料作物保险保障杠杆为 18.34 倍，折合费率 5.45%，其中，油菜籽保险保障杠杆略高为 19.93 倍，费率在 5.02% 左右，花生保险费率在 6% 左右。从政府保费补贴力度来看，政府对油料作物的保费补贴力度较大，和三大主粮作物基本相当，其中花生保险的保费补贴比例更是高达80%，而油菜籽只有 77.24%。2018 年油料作物保险的政府杠杆在 23.38 倍左右，即 1 元财政资金通过保险机制可提供约 24 元的风险保障。

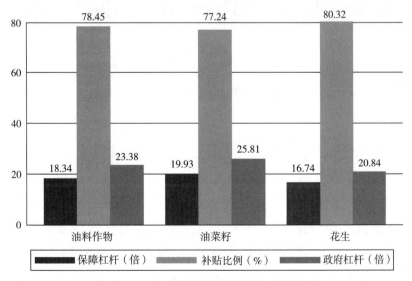

图 2 - 16   2018 年我国油料作物保险保障杠杆

2.2.4 糖料作物

糖料作物是过去十多年我国种植业中保障杠杆唯一降低的品种。2008—2012 年，糖料作物保险的平均保障杠杆为 20.71 倍，2018 年这一杠杆为 19.3 倍，说明糖料作物保险费率在 5% 左右。从具体指标来看，我国两种糖料作物——甘蔗和甜菜的保费补贴比例在 73% ~ 76%，相差不大，但是这两种产品的保障杠杆相差较大，2018 年甘蔗保险保障杠杆为 19.91 倍，比甜菜高出 26%，相应的两种产品的政府杠杆差距明显。这和两种产品种植区域不同、风险暴露性差异较大有关。

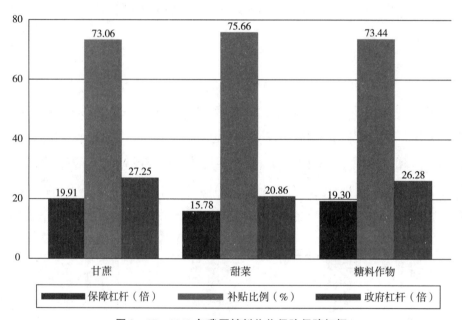

图 2 – 17　2018 年我国糖料作物保险保障杠杆

2.3　畜牧业

过去 11 年我国畜牧业保险保障一直略高于种植业，两业保费补贴比例相当，但和种植业保险保障稳步提升不同，畜牧业保险保障杠杆先降后升，走出倒 "U" 形走势。从内部看，不同畜产品保险保障杠杆走势不一，大牲畜保险杠杆有不同程度上升，而其小牲畜保险杠杆则呈下降态势；从保费补贴来看，生猪和奶牛的保费补贴比例最高，肉牛最低，体现出财政支持的侧重点。2018 年，1 元保费可获得的风险保障，肉牛最高，为 23.87 元，生猪、奶牛和肉羊次之，分别为 22.62 元、19.32 元和 19.27 元；政府保费补贴在这四种畜产品（肉牛、生猪、奶牛和肉羊）保险上的放大倍数基本都在 25 倍以上。

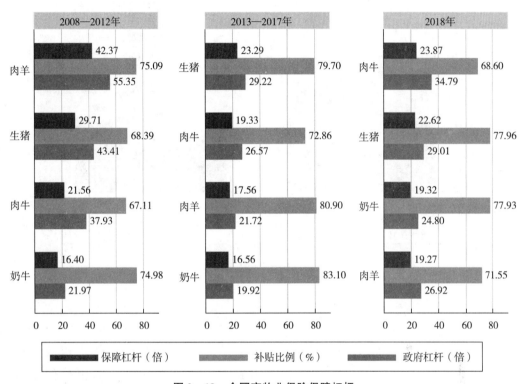

图 2-18 全国畜牧业保险保障杠杆

2.3.1 大牲畜

奶牛是目前畜禽养殖品种中保险保障水平最高的畜产品，也是保障杠杆较低、费率水平最高的保险标的。2018 年全国奶牛保险保障杠杆为19.32 倍，折合费率水平 5.07%，保费补贴比例约 78%，保持在较高的水平上，和主要种植业品种相比并不逊色，这和国家高度重视奶牛保险有关。与之相比，肉牛保险是我国畜产品中保障水平最低的险种，尤其是保障广度非常有限。这和肉牛保险尚未纳入中央财政补贴范围有关，因此，从数据看，2018 年肉牛保险的保费补贴比例仅为 68.6%，在主要农产品保险中处于较低水平。但是，肉牛保险保障杠杆相对较高，2018 年接近24 倍，政府保费补贴资金的放大效应最为明显，1 元保费补贴可获得近 35

元的风险保障。

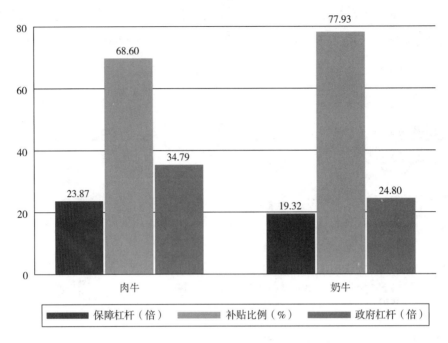

图 2 - 19　2018 年全国大牲畜保险保障杠杆

2.3.2　小牲畜

生猪是我国畜禽养殖业保险的主要投保标的，保障水平在畜牧业保险中仅次于奶牛。2018 年生猪保险保费补贴比例为 77.96%，和奶牛保险相当，但保障杠杆（22.62 倍，折合费率水平 4.42%）和政府杠杆（29.01倍）要高于奶牛保险。肉羊保险和肉牛保险类似，目前并未纳入中央财政保费补贴范围，和肉牛相比，2018 年肉羊保险的保费补贴比例更高一些，补贴比例超过了 70%，保障杠杆在畜牧业保险品种中最低，不足 20 倍。主要原因有二：一是近年来内蒙古、宁夏、甘肃等地非常重视肉羊保险，将之视为助力贫困牧民脱贫致富的重要手段，因此加大了对肉羊保险的补贴支持力度；二是肉羊保险近年来一直处于超赔状态（见下文农业保险赔付部分），需要提高肉羊保险费率水平。

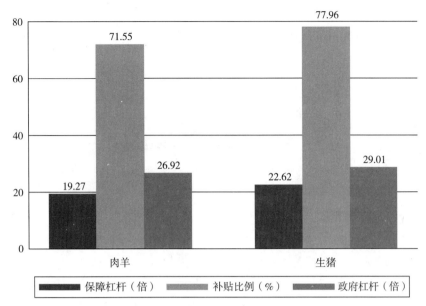

图 2 – 20 2018 年全国小牲畜保险保障杠杆

2.4 本章小结

农业保险保障杠杆是衡量获得农业保险所提供的风险保障所需要付出的成本大小的指标，本章从政府补贴、保险机制放大效应两方面入手，考察了农民自缴保费可获得的风险保障情况。分析发现：

（1）农业保险杠杆效应进一步凸显，农民自缴保费所能获得的风险责任保障金额呈上升态势。分产业看，畜牧业保险保障杠杆略高于种植业，主要是畜牧业保险杠杆略高于种植业，但总体看，种、养两业保障杠杆、政府杠杆及保险杠杆差别不大。

（2）从财政杠杆看，政府杠杆基本稳定、小幅提升，政府保费补贴基本稳定在 77% 水平，且产业间补贴比例相差不大，通过保费补贴可以增加农民参保缴费积极性。从具体品种看，主要农产品补贴比例略有侧重，粮食作物、油料作物、生猪、奶牛等品种补贴比例较高，基本保持在 78% 以上。

（3）从保险杠杆看，借助保险机制杠杆效用，农民缴纳保费以及政府财政支农资金效果得以放大，单位保费可获得的风险保障金额基本在 20 元左右，实现了"四两拨千斤"的资金放大、撬动效应。

（4）保障杠杆，特别是保险杠杆与保障水平表现出显著的正相关关系，也即保障杠杆高的品种其保险保障水平也相应较高，该特征在种植业中较畜牧业更为显著。

3. 农业保险保障赔付

3.1 农业

农业保险赔付率总体呈升高趋势，保险支持"三农"力度加大，但年度间保险赔付率差异趋近，赔付出现平均化趋势。从阶段性赔付均值看，全国农业保险赔付率上升趋势明显，农业保险保障功能日趋显现。2008—2012 年、2013—2017 年农业保险简单赔付率分别为 54.49%、63.56%，农业保险保障功能日趋显现。2018 年属于风险偏高年份，农业保险简单赔付率为 73.49%，高于往年水平。农业保险赔付率的上升，一方面与各阶段农业风险状况有关，另一方面反映了农业保险赔付力度的加大，是农业保险对农业生产损失补偿的切实体现。与此同时，过去十多年我国农业保险赔付率的年度波动减小，赔付率趋稳。2008—2012 年，全国农业保险赔付率均值为 54.49%，赔付变异系数为 1.74。第二个五年阶段（2013—2017 年），农业保险赔付率均值上升至 63.56%，但多数年份农业保险简单赔付率维持在 60% 左右，赔付变异系数降低为 0.22，仅为上一个阶段的 12%。

当然，我国农业保险赔付率波动的降低也可能从一个事实中得到解释，即过去十年我国农业保险覆盖范围、承保规模不断扩大，承保规模和数量的扩大有助于从空间上分散风险，因此降低了赔付率的波动。但是，和同期美国、加拿大、印度等其他国家农业保险赔付相比，我国农业保险的赔付波动最小，远远小于其他国家，美国、加拿大（曼）、日本、印度、土耳其和菲律宾分别是我国农业保险赔付波动程度（CV）的 2.64、4.79、3.50、3.95、1.81 和 2.02 倍。这在一定程度上说明我国农业保险发展中存在协议赔付、平均赔付等不规范现象。

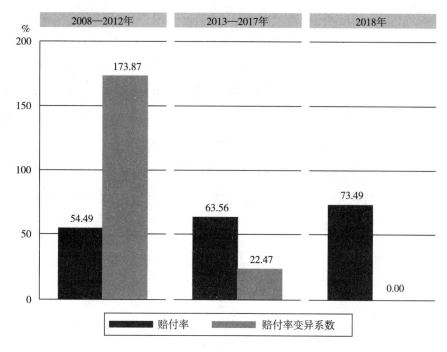

图 2-21　全国农业保险赔付率及其波动

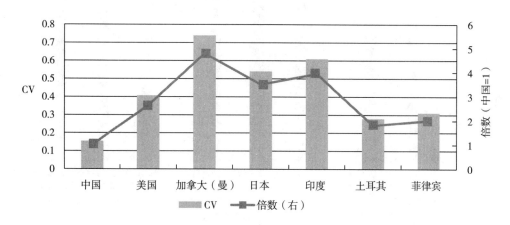

图 2-22　中外典型国家 2008 年至今农业保险赔付波动

从农业保险赔付的分解指标来看，过去十年我国农业保险受益率上升，但农业保险对受灾农户的单位赔偿金额则在降低。2008—2012 年，在所有承保的保险标的中，大约有 10% 的标的会发生损失并得到赔偿，保险公司对这些受灾农户的赔偿金额约为其所缴保费（包括政府补贴 + 自缴保费）的 5.4 倍。但在随后的五年（2013—2017 年），情况发生了变化，受益率提升至 38%，对受灾户的单位保费赔偿金额则下降至 1.67 倍。分产业看，1）畜牧业保险赔付率较种植业更高，2008—2018 年畜牧业保险平均赔付率比种植业高 10 个百分点，且年际间波动更大；2）种植业保险赔付属于"高受益率、低赔付额"模式，畜牧业则与之相反，属于"低受益率、高赔付额"类型。2008—2012 年，种植业保险平均受益率约为 23.23%，而相应的单位保费赔付额仅为 2.22 元；2013—2017 年种植业保险平均受益率约为 12.22%，相应的单位保费赔付额为 5.51 元。2018 年种植业保险赔付模式依然延续了前述特征，受益率和单位保费赔付额分别为 15.77%、4.76 元。与种植业相反，畜牧业保险在 2008—2012 年、2013—2017 年和 2018 年的平均受益率分别为 2.33%、6.87% 和 7.24%，同时期单位保费赔付额则分别为 31.79 元、9.34 元和 10.57 元。

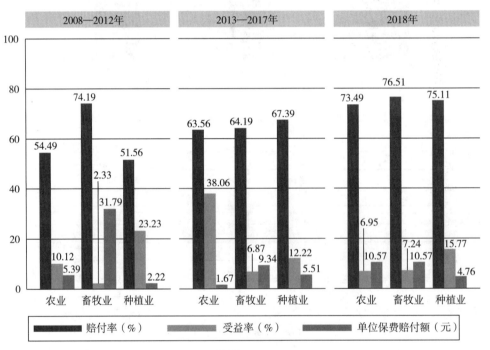

备注：1. 本图中农业包括林业；2. 不包括西藏数据。

图 2-23　全国农业保险赔付及其分解

3.2　种植业

种植业保险赔付率总体呈上升趋势，赔付率变动与受益率变动走势一致，受益率在波动中有所下降，单位保费赔付额则逐步提高，但种植业保险赔付总体仍呈现出"高获赔概率，低赔付金额"的特征。和种植业保险赔付的总体趋势一致，过去十多年我国粮食、油料、糖料和纤维四大品类种植业保险的赔付率也呈上升势头，在第一个阶段（2008—2012年），仅有棉花和油料作物保险赔付率超过了50%，而在第二阶段，除糖料作物赔付率约55%以外，其余3个品类的种植业保险赔付率都在60%以上。从种植业内部结构看，纤维作物和油料作物的赔付率位居前列，粮食作物排名第三，糖料作物最低。从赔付模式上看，不同种植业品类保险的赔付模式也不尽相同：过去十一年纤维作物保险的受益率一直都在30%以上，2018年接近40%，这表明在每年承保的纤维作物（棉花）保险中，有接近承保面积40%比例的地块获得了保险赔偿，但赔偿金额不高，为所缴纳保费的1.5～2倍。与之相反，油料作物保险是种植业保险中，受益率最低、但赔偿金额最高的险种。过去11年油料作物保险的受益率略高于10%，单位保费赔付额最低为3.55倍，2018年达到了6.24倍。粮食和糖料作物保险赔付模式变化明显，受益率上升，单位保费赔付额下降。

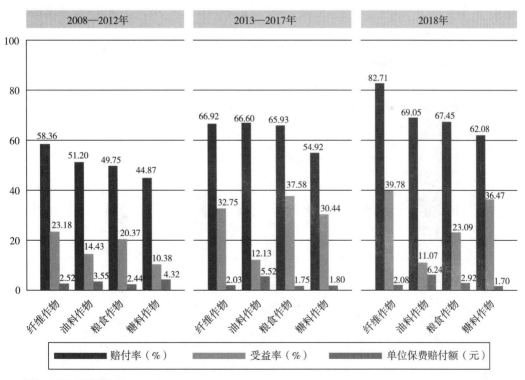

备注：不包括西藏数据。

图2-24 全国种植业保险赔付率

3.2.1 粮食作物

过去十年，我国粮食作物保险的简单赔付率总体较好，加权平均赔付率为62.18%，如果再加上20%～25%的经营管理费等成本附加，则不考虑再保因素粮食作物保险的利润率可能在13%～18%。分产品看，小麦保险和水稻保险的赔付率最低，在54%左右，玉米保险赔付率较高，过去十年平均赔付率为67.18%，大豆保险最高，近十年平均赔付率达103%，特别是近三年（2016—2018年）大豆保险简单赔付率始终在120%以上，这表明我国粮食作物保险的费率水平还有改善的空间，小麦保险和水稻保险可适度下调，大豆保险则需要提高保费。另外，虽然从总体看，我国粮食作物保险属于"高受益率、低赔付额"类型，但具体产品呈现出不同的特点，可分为两组。第一组是大豆和玉米。两种产品的保险受益率高企，过去十年平均在30%以上，赔付金额较低，赔款金额仅为保费的2.08和3.33倍；小麦和水稻为第二组，保险受益率不高，在10%～13%，单位保费赔付额较高，受灾后保险赔款额在保费的4倍以上。

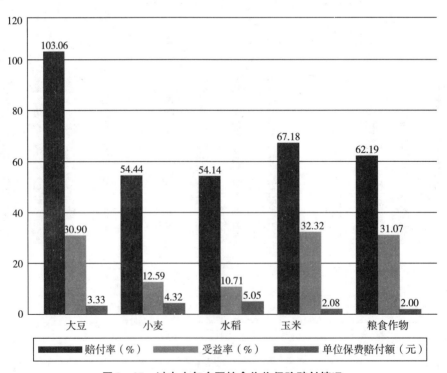

图2-25　过去十年全国粮食作物保险赔付情况

3.2.2 纤维作物（棉花）

同前所述，棉花作为我国重要的农产品，其保障水平、保障广度和保障深度都处于种植业保险的前列，但是过去十年，我国棉花保险的赔付可能存在一定问题。总体赔付率67.32%处于中等水平，但过去十年的平均受益率高达30.97%，即按承保面积计算每年30%的棉花保险获得赔偿。受益率高企的同时，棉花在受灾后平均能得到的保险赔款仅为保费投入的2.17倍。按过去11年平均亩（1亩 = 666.7 平方米）保额685元、费率7%计，则棉花受灾后平均每亩只能得到104元的保险赔款。

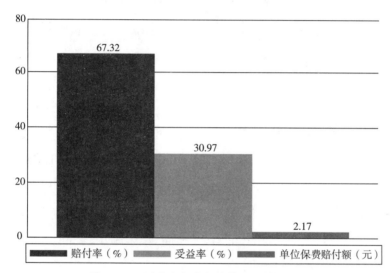

图 2 – 26 过去十年全国棉花保险赔付情况

3.2.3 油料作物

过去十年，我国油料作物保险的加权赔付率为62.5%，高于两种油料作物——油菜籽和花生保险的赔付率（分别为54.79%和58.85%），这主要是因为，油料作物中芝麻的保险赔付率较高造成的，如2018年芝麻保险的简单赔付率为71.12%，但由于我们没有芝麻播种面积和成本等指标的统计，故本书未报告芝麻保险的保障情况。分品种来看，花生的保险赔付率要略高于油菜籽，且花生保险的平均受益率是油菜籽的2倍还多，相应地，单位保费赔付额不足油菜籽的1/2。

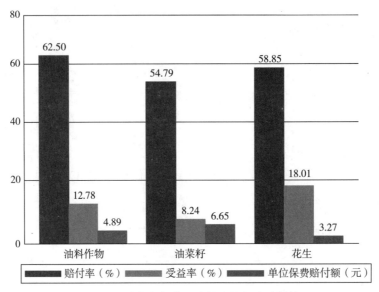

图 2 – 27　过去十年全国油料作物保险赔付情况

3.2.4　糖料作物

过去十年我国糖料作物保险的简单赔付率为 55.37%，处于中等水平。其中，受益率水平较高，接近 30%，单位保险赔付额仅为 1.88 元，在种植业保险中垫底。分产品看，甜菜保险赔付率较高，过去十年加权平均赔付率高达 93.25%，仅次于大豆保险；甘蔗保险总体赔付率不高，低于 50%，但平均受益率约 32%，仅次于棉花，和玉米保险处于同一水平，呈现出"高受益率、低赔付额"的类型。

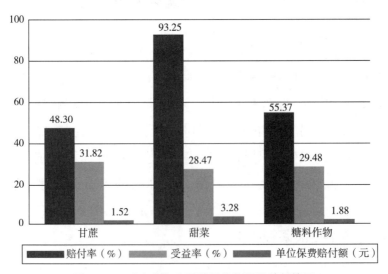

图 2 – 28　过去十年全国糖料作物保险赔付情况

3.3 畜牧业

畜牧业保险是我国农业保险的重要组成部分，保费收入占三成左右。相较于种植业，畜牧业保险赔付率明显更高，且保险赔付率年度波动更大，赔付模式呈现出与种植业相反的"受益率低、单位赔付额高"特征。从赔付率指标来看，过去十年我国畜牧业保险赔付率要高于种植业保险，且从赔付模式上看，畜牧业保险和种植业保险呈现出不同的特征：畜牧业保险受益率低、单位赔付额更高。这一特征在具体畜产品保险的赔付上也体现的非常明显，各品种保险赔付的受益率均在 10% 以下，但一旦发生损失，保险赔偿额均在保费的 8.5 倍至 15 倍，效果较为明显。分品种看，奶牛和肉羊保险的赔付率要高于生猪和肉牛，生猪保险的受益率最高，奶牛和肉牛保险的单位保费赔付额则要高于其他畜产品保险。

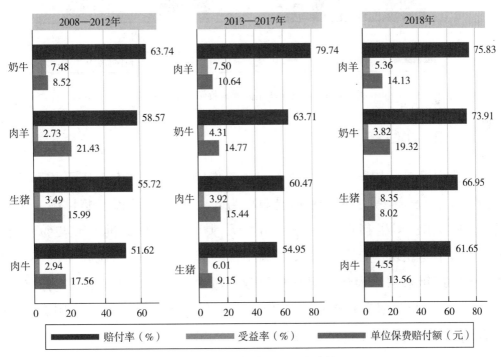

图 2－29　全国畜牧业保险赔付

3.3.1　大牲畜

过去十年，我国奶牛保险平均赔付率为 68.03%，其中受益率为

4.91%，即每年承保奶牛中约有5%的奶牛会得到保障赔偿，赔偿金额为每头奶牛均保费的13.85倍，按2018年每头奶牛保额8 851元，费率5.17%计，则赔偿金额约为6 337元。肉牛保险平均赔付率为60.9%，平均受益率为4.33%，单位保费赔付额14.08元，按2018年保额（6 652元/头）和费率4.12%的标准计，肉牛死亡后平均获赔3 933元。

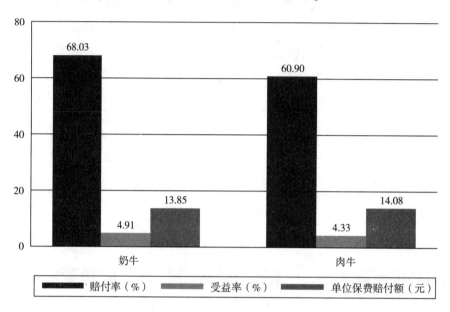

图2-30　过去十年全国大畜牧保险赔付情况

3.3.2　小牲畜

生猪保险是我国畜产品保险中的主要保险险种，过去十年平均赔付率为58.6%，处于中等水平，平均受益率为6.43%，单位保费赔付额为9.11元；按照2018年生猪保险保额（617元/头）和费率标准（4.42%）计，每头死猪平均获保险赔偿236元。肉羊保险是我国畜产品保险中的小众品种，虽然近年来增速很快，但规模有限。过去十年肉羊保险的平均赔付率为77.36%，受益率为6.58%，单位保费赔付额为11.76元。按照2018年肉羊保险的保额和费率标准，每头死羊平均获赔273元。

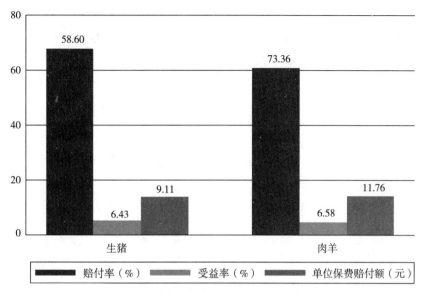

图 2 – 31　过去十年全国小畜牧保险赔付情况

3.4　本章小结

保险赔付反映的是一段时间内或某一时点上农业保险对降低农业产业或农业生产者风险损失实际贡献，通过对保险赔付以及受益率、单位赔付额分析可以发现：

（1）农业保险赔付率总体呈升高趋势，保险支持"三农"力度加大，但年度间保险赔付率差异趋近，赔付出现平均化趋势，除考虑风险因素外，也在一定程度上反映了农业保险发展中存在的协议赔付、平均赔付等不规范现象。

（2）分产业看，种、养两业保险赔付特征差别明显。在总体赔付率上，畜牧业保险赔付率始终高于种植业，且畜牧业保险赔付率年度波动较大，而种植业保险赔付率基本呈稳定上升趋势。在赔付模式上，种植业保险赔付属于"高受益率、低赔付额"模式，畜牧业则与之相反，属于"低受益率、高赔付额"类型。

（3）分品种看，种植业主要品种赔付率分化明显。油料作物保险和棉花保险赔付率较高，过去十年大豆赔付率超过了100%，小麦、水稻赔付率最低。在赔付模式上，种植业总体呈现"高受益率、低保障额"的特征，尤以玉米、大豆、棉花和甘蔗为甚，受益率都在30%以上。畜牧业主要品种赔付率逐渐趋同，各品种保险赔付的受益率均在10%以下，一旦发生损失，保险赔偿额在保费的8.5倍至15倍，高于种植业。

第二篇　省际篇

各省（自治区、直辖市）农业保险保障分析

本篇主要是从农业保险保障水平、保障杠杆、保险赔付及其下细分指标出发，分析揭示我国各省（自治区、直辖市）农业保险在 2018 年度的保障现状和结构特征，并通过跨指标分析对有关我国农业保险保障的一些热点问题进行探析，旨在通过翔实的数据展示和对比分析，为我们全面了解和掌握我国农业保险保障的省域特征提供参考。另外，由于正文篇幅限制，加之各省（自治区、直辖市）种植和养殖结构不同，一些农产品并不是在所有省份都有生产，因此，本篇中没有给出所有农产品保险保障的区域比较，而是选择了农业、种植业、畜牧业和种、养两业中具有典型性的重点农产品保险进行区域比较，更多产品保险保障的区域比较情况请参见本书图览部分。

4. 农业保险保障水平省际分析

4.1 各省（自治区、直辖市）农业保险保障水平现状

2018 年，各省（自治区、直辖市）农业保险保障水平都有明显提升。与 2015 年[①]相比，全国农业保险保障水平平均增长了 26%，种植业增长了近 47.83%，畜牧业翻了一番。一些省份农业保险保障水平提升更快，如 2015 年广西壮族自治区和湖南省农业保险保障水平均低于全国平均水平，2018 年两地都在全国平均水平之上，分别增长了 82% 和 66.48%。但是，2018 年我国农业保险保障在区域间和产业间发展不平衡的问题依然非常明显（见图 2-32）。

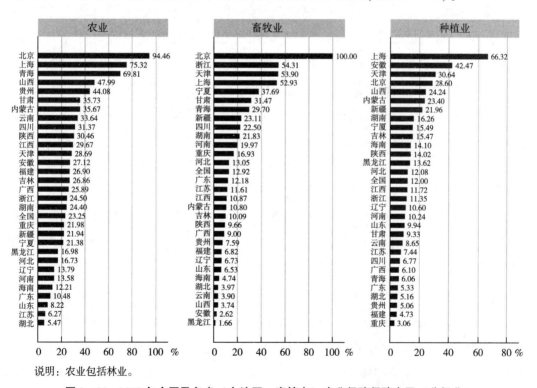

说明：农业包括林业。

图 2-32　2018 年全国及各省（自治区、直辖市）农业保险保障水平（分行业）

---

① 参见《中国农业保险保障水平研究课题组（2017）》,《中国农业保险保障水平研究报告》，中国金融出版社。

　　分区域看，2018 年各省（自治区、直辖市）农业保险保障水平可以分为五个梯队，北京和上海为第一梯队，农业、种植业和养殖业保险保障水平均远高于全国其他省份；青海、山西、贵州、天津、内蒙古、新疆和宁夏为第二梯队，在农业、种植业和养殖业保险保障水平中，有一个或两个排名全国前五；大部分省份属于第三梯队，农业保险保障水平在 20%～35%，和全国平均水平相当；第四个梯队为农业保险保障水平在 10%～20%，低于全国平均水平的省份，包括广东、海南、河南、辽宁、宁夏、新疆、河北和黑龙江 8 个省份；第五梯队为农业保险保障水平低于 10% 的省份，包括山东、江苏、湖北 3 个省份。和 2015 年相比，各省（自治区、直辖市）农业保险保障水平的区域差异明显缩小，大部分省份农业保险保障水平处于和全国平均水平相当的第三梯队。

　　在我国农业保险第二梯队的 7 个省份中，天津农业保险保障水平相对最为均衡，畜牧业排名第三、种植业排名第三；宁夏和新疆农业保险保障也相对均衡。除此之外，甘肃、青海畜牧业保险保障水平位居全国前列，但种植业保险保障水平低于全国平均水平；贵州种植业和畜牧业保险保障水平均处于全国中下游水平，表明其农业保险保障水平主要是依靠林业保险的拉动；在我国 2018 年农业保险保费收入最高的 5 个省份——新疆、河南、黑龙江、四川和内蒙古中，新疆农业保险发展最为均衡，种植业保险保障水平和畜牧业保险保障水平都在 22% 左右。四川和河南呈现出"种弱养强"的特征，畜牧业保险保障水平在 20% 左右，居全国前 10 名，但种植业保险保障水平分别只有 6.77% 和 10.24%，处于中等或中下等水平；黑龙江和内蒙古则相反，呈现出"种强养弱"的特征，种植业保险保障水平高于畜牧业保险保障水平 10 个百分点左右，尤其是内蒙古自治区，种植业保险保障水平居全国前 5，但养殖业保险保障水平只处于中等水平，甚至低于全国平均水平 2 个百分点。

　　分产业看，尽管我国各省（自治区、直辖市）农业、种植业和畜牧业保险保障水平最高的省份和最低省份的差距都在 20 倍以上，但相比较而言，种植业保险保障水平相对更为均衡，有 12 个省份种植业保险保障水平和全国平均水平的差距在 3% 以内，养殖业为 8 个省份，而农业只有 5 个省份；虽然在 2018 年，从全国平均水平来看，畜牧业保险保障水平首次超过了种植业保险保障水平，但半数省份依然呈现出"种强养弱"的特征，且两者呈现出互补性，即种植业保险保障水平落后的省份、一般畜牧业保险保障水平较高。从三大主粮作物和生猪保险保障水平（图2-33）看，各省（自治区、直辖市）主要农产品保险的保障水平的差异要更大一些。具体而言，（1）上海市水稻保险保障水平一枝独秀，2018年保险保障水平达72%，是第四名广东省的2倍左右，浙江、天津和安徽3个省份水稻保险保障水平也超过了30%，但超过6成的省份（16/26）水稻保险保障水平低于全国平均水平，其中，陕西、重庆、吉林和云南最低，保障水平低于10%。（2）北京市玉米保险保障水平最高，玉米保险风险保障已达到该市玉米产值的62%，安徽和辽宁以50%和43%的保险保障水平分列第二、第三位，湖北和河南玉米保险保障水平最低，以1.1%的水平排名倒数第二和倒数第一。（3）浙江、天津、北京、安徽小麦保险保障水平最高，都超过了50%，另外4个小麦生产大省——陕西、河南、新疆和河北的小麦保险保障水平也超过了35%，四川和山东这两个小麦主产省的保障水平也相对较高，分别是29%和32%，说明小麦保险保障水平和实际产业生产情况匹配性较好。但贵州、重庆小麦保险保障水平还不足1%。（4）北京、上海和天津生猪保险保障水平位列全国前三，西部的贵州、青海、甘肃、云南和山西、东北黑龙江以及中部的湖北、安徽生猪保险保障水平最低，不超过5%。

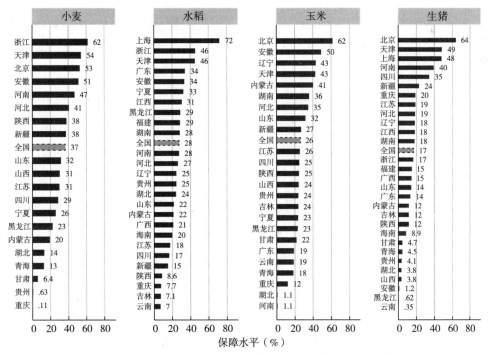

图2-33　2018年全国及各省（自治区、直辖市）三大主粮作物和生猪保险保障水平

4.2　各省（自治区、直辖市）农业保险保障水平的结构特征

如前所示，农业保险保障水平可以细分为保障广度和保障深度两个指标，从两个指标的比较中，我们可以直观看出不同地区农业保险保障的主要驱动力量。但是由于目前农产品价格指数保险、天气指数保险、温室大棚保险、特色作物保险等创新型农业保险产品在我国大量出现，各省（自治区、直辖市）农业保险发展及试点情况不同，而且现有保险业务统计并没有对保险产品类型进行区分，因此，直接比较不同地区种植业保险的保障水平和保障深度存在一定局限性，不能准确反映农业保险发展的推动力量。基于此考虑，本部分选择了粮食作物、生猪、油菜籽和肉羊作为种养两业的代表。

我们认为，本书选择的这四种农产品具有典型性，代表了政府对我国农业保险标的四种重视程度（高度重视、比较重视、一般重视、不太重视）。首先，保障粮食安全是我国各级党委政府最为重视的战略问题，也是我国农业保险最重要的目标任务，粮食作物保险保费收入在我国一直占到种植业总保费收入的 70% 左右，因此，粮食作物保险代表了政府的高度重视。其次，生猪养殖既是我国畜牧业中的传统优势产业，也是大部分省份菜篮子中的重要农产品，是我国畜牧业保费收入中最大的险种，生猪保险代表了政府比较重视的农业保险类型。再次，油菜籽保险虽然也在中央财政保费补贴目录之内，但在各省（自治区、直辖市）的地位并不相同，非油菜籽生产大省对该保险产品可能并不十分重视，这一点从我国油菜籽保险保障水平增长缓慢，排位不断下滑中可以得到证实，因此，油菜籽保险代表了政府一般重视的农业保险产品。最后，肉羊虽然在部分省份畜牧业生产中占有举足轻重的位置，但肉羊保险并未纳入中央财政保费补贴范围，全国肉羊保险保障水平也非常低，因此代表了农业保险产品中暂时不受政府（至少是中央政府）重视的保险产品。

图 2 - 34 给出了我国及各省（自治区、直辖市）四种典型农产品保险在 2018 年的保障水平、保障广度和保障深度。从中可以看出明显的两种现象。

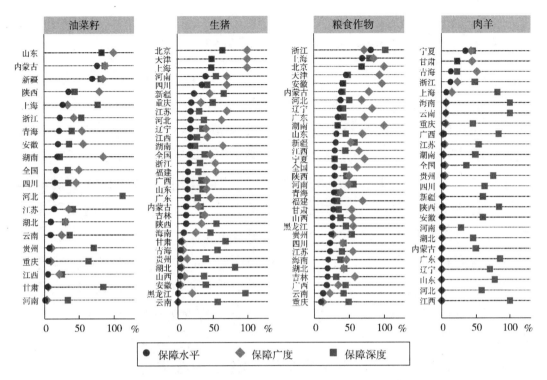

图 2-34 2018 年全国及各省（自治区、直辖市）四种典型产品保险的保障结构特征

1. 在有政府补贴的农业保险产品中，大部分省份尤其是保障水平较高的省份依靠的是广度驱动（保险覆盖面的提高），保障广度要大于保障深度，但是保障水平相对较低的省份恰好相反，采取的是深度优先的发展策略，如浙江、云南和重庆的粮食作物保险，安徽、湖北的生猪保险。而对于（中央）政府没有提供补贴的农业保险产品——肉羊，各省（自治区、直辖市）都采取的是深度优先的发展策略，保障深度都要大于保障广度，但覆盖面不足成为保障水平提升的最大制约因素。

2. 尽管四个农产品保险保障程度在各省之间都存在差异，但可以较明显地看出，粮食作物保险在省际间的离散程度最小，尤其是保障深度指标基本都集中在 40% ~ 55%，生猪保险和油菜籽保险保障的省域间离散程度较大，肉羊保险最大。由此，我们认为：政府重视程度越高，农产品保险保障在省际的差异越小，这表明政府支持不仅是推动我国农业保险保障水平提升的重要力量，也是确保农业保险均衡发展的主要因素。

4.3 农业保险保障水平热点问题分析

目前，不管是在学界、业界还是政府部门，普遍的共识是政府的支持和推动在我国农业保险发展中起到了至关重要的作用。保费补贴是政府对农业保险支持的一个重要方面，但由于我国农业保险补贴目前实行中央、省、市（县）三级补贴，农业大省往往由于财力限制不能提供相应的配套补贴，制约了当地农业保险的发展。有学者认为，这种补贴机制使得最需要保险保障的省份地区反而更少地享受到中央财政的保费补贴，造成了区域经济发展和收入水平新的不平衡（罗向明，2011）；《中国农业保险保障水平研究报告（2017）》利用翔实的数据也发现了2015年农业保险保障和农业经济发展需求不匹配，即农业大省往往是保障小省，东、中、西部农业保险保障呈现"两边高中间低"的特点（中国农业保险保障水平研究课题组，2017）。2016—2018年是我国农业保险高度发展的三年，如前所述，这三年农业保险尤其是养殖业保险在提标、扩面上都取得了显著的成绩，那么，当前我国农业保险发展和农业发展需求不匹配的问题是否依然存在，农业大省是否依然是保障小省，就此，本部分就这两个问题进行分析。

首先，我们根据国家统计局的统计标准将全国各省（自治区、直辖市）划分为东、中、西三个地区。由于我国经济发展水平总体呈现出东、中、西部依次降低的趋势，因此，可以从东、中、西部农业保险保障的差异来观察农业保险保障水平在区域维度是否存在不平衡的现象。其次，我们根据2016—2018年各省（自治区、直辖市）第一产业增加值占该地区国内生产总值（GDP）的比例进行排序，将30个省份（自治区、直辖市）分成三组，上海、北京、天津、浙江、广东、江苏、山西、山东、重庆和福建10个省份为农业小省，第一产业占GDP的比例在7.2%以下；农业大省为第一产业增加值在GDP中的比例在9.79%及以上的省份，包括内蒙古、湖北、四川、甘肃、云南、新疆、贵州、广西、黑龙江和海南；其余10个省份为农业中等省份。图2－35和图2－36分别展示了我国东、中、西部以及"农业大省　保障小省"农业、种植业、畜牧业、粮食作物、生猪、油菜籽和肉羊保险的保障水平，可以看出：

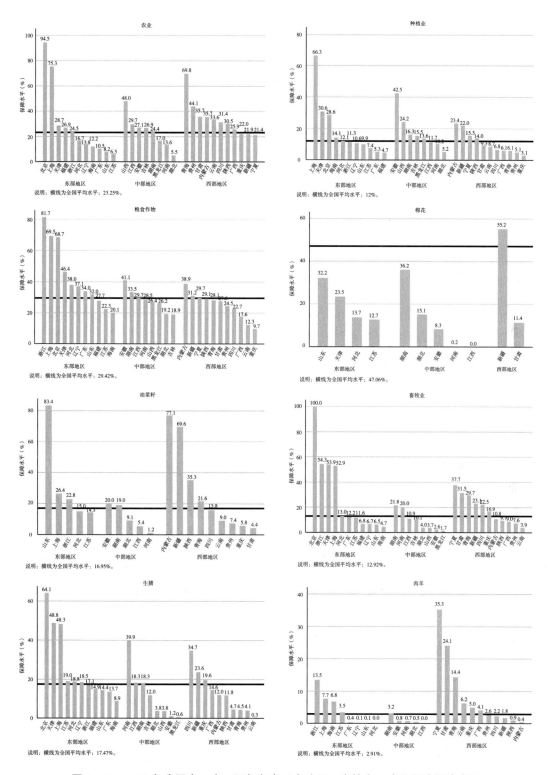

图 2−35 2018 年我国东、中、西部各省（自治区、直辖市）农业保险保障水平

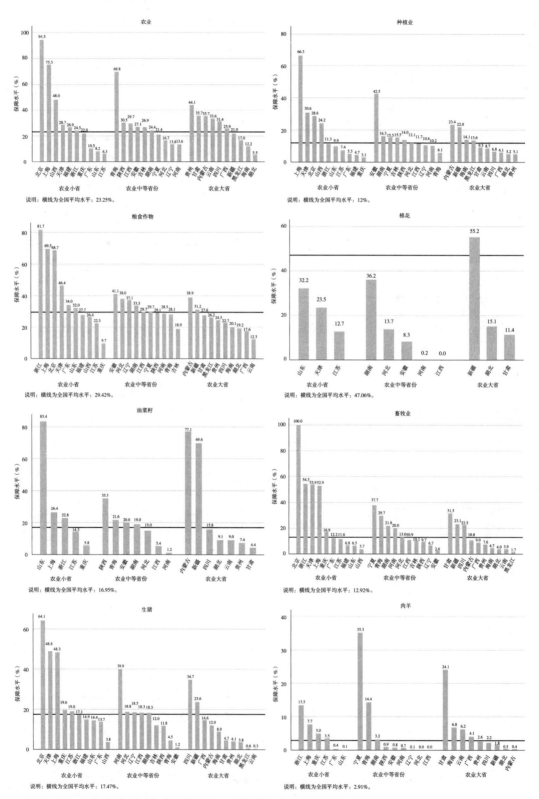

图 2-36　2018 年我国及各省（自治区、直辖市）农业保险保障水平和农业产业发展需求的匹配度

1. 具体品种保险保障水平情况在中、东、西部有所差异，例如，粮食作物保险保障水平在三个区域最为均衡，东部地区生猪保险保障水平要明显高于中西部，油菜籽和肉羊保险保障水平在西部最高。但是就总体而言，如果将北京、上海和天津这三个保障水平远高于其他省份的直辖市排除在外，则2018年我国东、中、西部地区种植业保险保障水平基本趋于平衡，农业、畜牧业、油菜籽和肉羊保险保障水平西部地区甚至要略高于中、东部。

2. 在东、中、西每个地区内部，各省（自治区、直辖市）农业保险保障水平也存在较大差异，东部地区省际差异最大。在东部地区，北京、上海两个直辖市遥遥领先，天津市农业保险保障水平也显著高于其他东部省份，除此之外，不管是农业保险保障水平，还是种植业、畜牧业、生猪、粮食作物、油菜籽和肉羊保险保障水平，东部地区均有50%以上的省份保障水平低于全国平均水平。与之相反，中、西部地区各省份农业保险保障水平相对均衡，2018年中部省份种植业保险和粮食作物保险的保障水平离散程度最小，西部省份在农业和畜牧业保险保障水平上最为均衡。

3. 2018年，我国农业大省、农业中等省份和农业小省在农业保险、种植业保险、畜牧业保险、粮食作物保险保障水平上并无显著差别，农业大省的油菜籽保险保障水平要高于其他省份，这表明，经过多年的发展，我国"农业大省　保障小省"的现象得到了改善。但是这一问题仍然存在，需要加以重视并解决。这是因为，在农业大省中，超过60%的省份种植业保险保障水平低于全国平均水平，养殖业保险和生猪保险中低于全国平均水平的比例为70%。

4.4　本章小结

本章从保障水平的维度，利用省域数据分析了2018年各省（自治区、直辖市）农业及内部不同产业、不同品种的保险保障现状、结构特征和热点问题，得到了一些有意义的结论，主要有：

1. 2018年我国各省（自治区、直辖市）农业保险保障水平和三年前相比均有显著提升，但不同省（自治区、直辖市）的农业保险保障水平差异依然很大，农业保险保障水平的省际差异大于畜牧业，种植业相对最为均衡，有 12 个省份的种植业保险保障水平和平均水平的差距在 3 个百分点之内，养殖业为 8 个省份，而农业只有 5 个省份。

2. 经过多年发展，2018 年我国东、中、西部地区农业保险保障水平之间没有明显的差距，而且中、西部地区各省份农业保险保障水平更为均衡，在一些品种保险保障水平上中、西部地区要领先于东部地区。

3. "农业大省　保障小省"的现象得到了改善，2018 年农业大省、农业中等省份和农业小省在农业保险、种植业保险、畜牧业保险、粮食作物保险保障水平上并无显著差别，但是这一问题仍然存在，农业大省中，超过 60% 的省份和 70% 的省份在种植业保险和畜牧业保险保障水平上低于全国平均水平，需要进一步加以重视和解决。

4. 尽管 2018 年全国畜牧业保险保障水平首次超过了种植业，扭转了"种强养弱"的局面，但各省（自治区、直辖市）情况不同，2018 年"种弱养强"和"种强养弱"的省份各占一半。从保障水平具体指标来看，2018 年绝大多数省份农业保险发展依然采取的是"广度推动"发展策略，保障广度要大于保障深度，但有两个例外，一是保险保障水平较低的省份，二是没有中央财政给予补贴的保险险种，这两种情况下，保障深度要大于保障广度。

5. 通过对生猪、油菜籽、粮食作物和肉羊四种典型农产品保险保障水平、保障广度和保障深度在省际的差异，发现：政府重视不仅是推动我国农业保险保障水平提升的重要力量，也是确保农业保险区域均衡发展的重要保障。

5. 农业保险保障杠杆省际分析

5.1 各省（自治区、直辖市）农业保险保障杠杆现状

本书中反映农业保险资金放大效用的三个指标——保障杠杆、政府杠杆和保险杠杆都具有各自的经济含义，也都是政府关注的目标。保障杠杆

反映了农民获得农业保险风险保障付出的成本大小以及农业保险对农户资金的放大效用，保障杠杆越高，则农民保费资金的放大作用越大；政府杠杆反映了政府补贴对农户资金的放大作用，可用来衡量政府财政补贴的力度和大小，政府保费补贴比例越高则政府杠杆倍数越大；而保险杠杆反映了保险机制对农户保费资金的放大效用，在数学上等于保险费率的倒数，费率越低则保险杠杆越高。表 2 – 1 给出了 2018 年各省（自治区、直辖市）农业、种植业及畜牧业保险的保障杠杆、补贴比例和政府杠杆大小，可以看出：

1. 2018 年我国各省（自治区、直辖市）农业保险保障杠杆在 12 ~ 204 倍，种植业在 10 ~ 50 倍，畜牧业在 16 ~ 58 倍，各省（自治区、直辖市）农业保险保费的杠杆放大效应差异较大，如贵州和福建农民参加农业保险时，单位保费所获得的风险保障要大大高于内蒙古和海南；安徽农民和海南农民缴纳相同的保费，所得到的种植业风险保障相差明显。总体看，林业资源丰富的省份农业保险保障杠杆高于其他省份，这和我国林业保险费率远低于种植业和畜牧业有关。

2. 农业保险保障杠杆最高，种植业次之，畜牧业最低，全国 30 个省（自治区、直辖市）有 11 个省份的种植业保险保障杠杆大于畜牧业，说明大多数省份畜牧业保险的费率水平高于种植业。另外，畜牧业保险保障杠杆在省域间的差距最小，种植业大于养殖业，这和畜牧业保险产品种类少于种植业，产品同质性更高有关。

3. 2018 年全国大部分省份农业保险、种植业保险和畜牧业保险的保费补贴在 70% ~ 80%，均值都在 74% 左右，标准差在 6 ~ 8。不同省份对同种农产品保险的保费补贴比例差异并不太大，但西部地区总体补贴比例较高，如青海、山西种植业保险的补贴比例要明显高于全国平均水平，但农业保险保障水平处于全国领先位置的北京，其农业保险政府补贴比例仅为 64.52%，这一方面可能和西部地区将农业保险和扶贫政策相挂钩有关，另一方面也说明各省（自治区、直辖市）在农业保险险种结构以及农业保险产品创新方面存在较大差异，因为创新产品一般不享受中央财政补贴，创新产品所占份额越高则该品种总体政府补贴杠杆也就越低。

表 2 - 1　2018 年各省（自治区、直辖市）农业、种植业和

畜牧业的保险保障杠杆、补贴比例和政府杠杆

名称	农业保险			种植业保险			畜牧业保险		
	保障杠杆（倍）	补贴比例（%）	政府杠杆（倍）	保障杠杆（倍）	补贴比例（%）	政府杠杆（倍）	保障杠杆（倍）	补贴比例（%）	政府杠杆（倍）
上海	29.54	67.77	43.59	22.03	65.49	33.64	16.58	80.79	20.52
云南	119.10	57.81	206.00	24.33	48.86	49.80	20.00	71.83	27.85
内蒙古	9.01	78.66	11.45	15.57	77.61	20.06	23.39	70.47	33.20
北京	36.27	64.52	56.21	18.81	58.53	32.13	19.71	69.12	28.51
吉林	28.98	73.42	39.48	10.69	77.63	13.77	22.59	56.91	39.70
四川	59.87	72.90	82.13	22.90	71.25	32.14	21.64	72.96	29.66
天津	22.55	72.75	30.99	29.07	74.05	39.25	12.56	71.82	17.49
宁夏	17.64	77.01	22.90	15.91	79.95	19.90	18.44	74.55	24.74
安徽	28.82	77.26	37.30	19.23	77.49	24.82	21.04	70.51	29.84
山东	27.38	76.23	35.91	23.26	76.18	30.53	21.34	76.10	28.04
山西	74.42	83.31	89.33	15.38	82.17	18.72	17.84	74.29	24.02
广东	42.84	77.24	55.46	18.17	76.85	23.64	7.58	74.61	10.16
广西	78.60	78.61	99.98	22.08	78.51	28.12	17.88	78.51	22.78
新疆	16.46	71.40	23.05	14.74	68.88	21.41	17.97	80.65	22.28
江苏	23.81	72.92	32.65	23.55	72.54	32.46	23.91	76.87	31.10
江西	65.43	74.26	88.11	19.92	74.65	26.68	24.07	75.42	31.91
河北	31.50	77.54	40.62	22.17	78.21	28.35	19.42	76.08	25.53
河南	23.06	79.03	29.17	18.82	78.86	23.86	22.64	79.09	28.63
浙江	69.95	80.77	86.60	8.05	82.00	9.82	37.48	79.15	47.35
海南	22.32	59.31	37.64	13.51	57.12	23.65	23.82	77.38	30.78
湖北	28.36	71.12	39.87	17.08	72.37	23.60	29.14	61.84	47.13
湖南	37.77	68.85	54.86	27.74	72.38	38.32	19.70	64.55	30.51
甘肃	51.41	82.34	62.44	19.24	78.42	24.54	19.63	84.86	23.14
福建	203.10	70.75	287.10	43.22	71.45	60.48	24.70	67.94	36.36

续表

名称	农业保险			种植业保险			畜牧业保险		
	保障杠杆（倍）	补贴比例（%）	政府杠杆（倍）	保障杠杆（倍）	补贴比例（%）	政府杠杆（倍）	保障杠杆（倍）	补贴比例（%）	政府杠杆（倍）
贵州	135.40	83.26	162.60	20.65	77.31	26.70	23.86	80.70	29.57
辽宁	24.24	73.74	32.87	11.02	76.22	14.46	18.40	68.39	26.91
重庆	73.52	70.67	104.00	21.20	68.57	30.91	23.32	69.99	33.31
陕西	88.69	76.37	116.10	47.55	72.42	65.66	19.27	79.58	24.21
青海	78.37	85.66	91.49	11.98	87.68	13.66	16.92	84.05	20.13
黑龙江	24.07	74.00	32.53	13.53	73.63	18.38	16.09	70.95	22.69

注：补贴比例单位为%。

图 2-37 和图 2-38 给出了 2018 年我国各省（自治区、直辖市）种植业和畜牧业保险中的两个代表性品种——玉米保险和生猪保险的保障杠杆，从中可以看出两个明显的特点。一是分品种保险的保障杠杆差异更大，保险杠杆和政府杠杆虽也有差异，但大部分省份集中在一定水平之内；二是各省具体品种保障杠杆的差异走势和政府杠杆差异走势非常相似，表明政府补贴的差异是造成现阶段各省农业保险保障杠杆差异的主要原因。

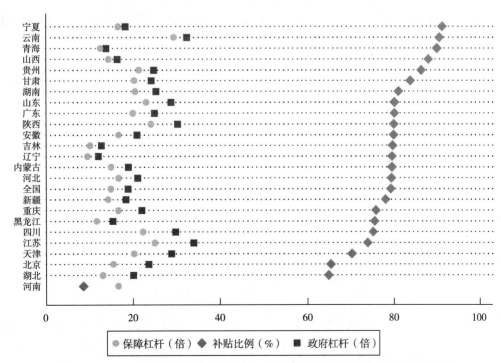

图 2-37　2018 年全国及各省（自治区、直辖市）玉米保险保障杠杆及其分解

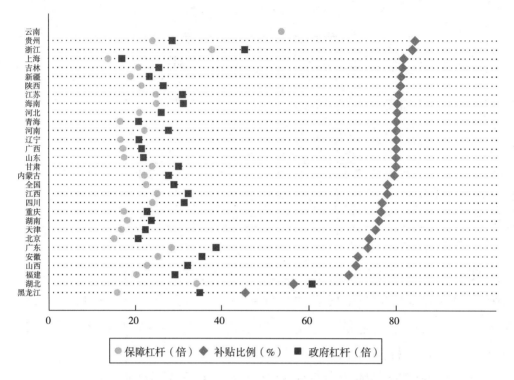

图 2 - 38 2018 年全国及各省（自治区、直辖市）生猪保险保障杠杆及其分解

5.2 各省（自治区、直辖市）农业保险保障杠杆的结构特征

当然，如上所言，由于各省（自治区、直辖市）农业保险承保结构的不同，直接对不同省份种养业大类保障杠杆进行比较有失公允，为此，我们又选择了四个具体品种（油菜籽、生猪、肉羊以及粮食作物中种植区域最广的玉米），对各省（自治区、直辖市）在这四个品种保险保障杠杆上的差异进行分析。另外，为了避免不同地区风险大小等因素的影响，我们只对这四种产品保险的保费补贴比例进行了比较，如图 2 - 39 所示。

1. 目前成本保险是我国各省（自治区、直辖市）实施的主流保险产品，尽管我国不同省份在四个主要农产品保险保费补贴上的差异确实存在，但差异并不大。其中，各省（自治区、直辖市）生猪保险保费补贴比例最为接近，玉米次之，油菜籽和肉羊保险的保费补贴比例差异最大。在三个保险产品（玉米、油菜籽和肉羊）中，绝大多数省份的保费补贴水平和全国平均水平相当，但宁夏、云南和青海省玉米保险保费补贴比例在 90% 左右，高于其他省份，浙江、云南两省的油菜籽保险以及广西、湖北省的肉羊保险的政府保费补贴比例都在95%左右。

2. 除上海生猪保险、浙江油菜籽保险、吉林生猪保险和湖北肉羊保险外，四大农产品保险保费补贴比例前五的省份均为西部地区省份，云南、青海、贵州和甘肃在多个品种保险的补贴比例排名中均位于前列，表明当前西部地区对农业保险的保费补贴比例最高。但令人意外的是，北京、上海和天津这三个无论是农业保险大类还是具体产品保险保障水平都位居全国前三，2018年四个具体产品保险的政府杠杆倍数排名下游，政府保费补贴比例并不突出，一个可能的原因是，西部地区农业保险仍以传统成本保险为主，但三个直辖市农业保险发展已进入了一个更高的阶段，创新型农业保险产品不断涌现，占比越来越高。然而，由于目前我国农业保险统计数据并未对保险产品类型进行区分，我们无法对这一解释进行验证，但从理论上来讲这一解释具有逻辑说服力。

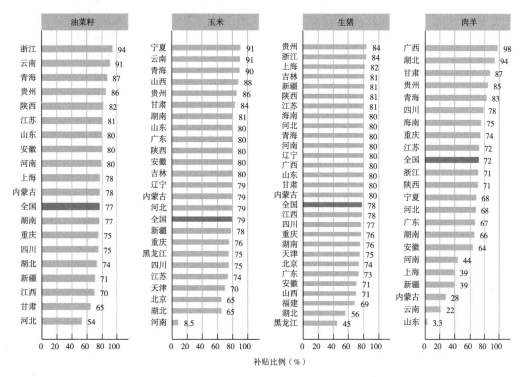

图2-39　2018年全国及各省（自治区、直辖市）主要农产品保险保费补贴

另外，如上图2-37和图2-38所示，政府杠杆和保障杠杆走势基本一致，由于各省（自治区、直辖市）政府保费补贴相差不大，因此政府杠杆

的大小主要取决于保险保障杠杆。农业保险保障杠杆在数学上是费率的倒数，而如果保险费率是采用保险精算技术精算厘定的，则费率应该和风险相匹配。虽然我国农业保险实施至今仍没有达到按照精算技术对农业保险产品进行定价，但银保监会早在 2012 年就组织开展了省级的农业风险分区工作，学界也在省域尺度上开展了大量的农业保险定价和风险分区研究，业界也根据十多年的实践情况对费率进行调整，因此，同一保险标的，各省份农业保险保险杠杆（或费率水平）应该有所差异，而且这种差异应该能够侧面体现出所在区域的风险大小。基于这一考虑，本书通过比较各省份农业保险保障杠杆倍数来间接判断我国农业保险费率是否精算合理。和上文对政府杠杆分析相同，为避免各省（自治区、直辖市）承保结构对保障杠杆的影响，选择了油菜籽、玉米、生猪和肉羊四个具体保险品种为例进行分析。

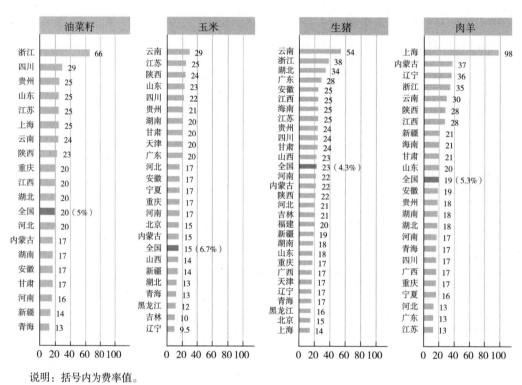

说明：括号内为费率值。

图 2-40　2018 年全国及各省（自治区、直辖市）主要农产品保险杠杆（费率水平）

图 2-40 展示了各省（自治区、直辖市）2018 年四个主要农产品保险保障杠杆大小，可以看出：（1）尽管我国农业保险没有采取正式的风险区划工作，但四种产品保障杠杆在省域间存在差异，保险的保障杠杆倍数油

菜籽为 13~66（费率 1.5%~7.7%），玉米保险为 9.5~29（费率 3.4%~10.5%），生猪保险在 14~54（费率 1.8%~7.2%），肉羊保险为 13~98（费率 1.02%~7.1%）；（2）我国农业保险费率精算和风险分区工作仍亟待完善，现有保险保障杠杆的省域差距未能体现出各省（自治区、直辖市）风险的不同。主要理由是，四个产品保险的省域差距虽然存在，但是绝大部分省份的费率水平集中在平均水平附近，而且很多地理位置、自然条件相差巨大的省份保险杠杆倍数相同，即保险费率水平相同，如重庆市和河北省油菜籽保险、内蒙古自治区和甘肃省的油菜籽保险、甘肃省和天津市的玉米保险，以及以大规模生猪养殖为特点的河南省和散户养殖占较大比重的陕西省生猪保险。

5.3　农业保险保障杠杆的热点问题分析

目前，在我国一个不争的事实是，政府在推动我国农业保险发展中扮演了极为重要的角色，有学者提出了我国农业保险主要依靠政府推动的观点。那么事实是否如此，政府保费补贴起到了多大作用，不同省份是否存在差异。本部分利用 2018 年我国 30 个省（自治区、直辖市）大豆、奶牛、小麦、棉花、水稻、油菜籽、玉米、甘蔗、甜菜、生猪、肉牛、肉羊和花生等 13 种农产品保险的保险保障数据，试图从数据上对这些问题进行分析、揭示和解答。首先，我们将农业保险的保费补贴比例作为政府支持的代表[1]，其次，将农业保险保障广度作为反映农业保险发展情况的指标。相比于保障水平指标，政府保费补贴对保障广度指标的作用更为直接。从理论上讲，政府保费补贴越大，则农民自缴保费负担越小，参保意愿越高，保险公司也更有意愿和动力提供保险服务，因此，农业保险的补贴比例在理论上和农业保险保障广度之间存在正相关关系。

图 2-41 给出了 2018 年各省份农产品保险的保费补贴水平和保险广度（保险覆盖面）两个指标之间的散点关系图，可以看出：（1）除上海、山西

---

① 因为，保费补贴是政府对农业保险的一种重要支持方式，而农业保险保障政府杠杆这一指标正好可以体现出政府保费补贴力度的大小。

等个别省份外，各省农业保险政府杠杆和保障广度之间的相关关系并不明显，这说明我国农业保险保费补贴在品种间的弹性和补贴导向性不强；（2）相同省份不同农产品保险的保障广度存在较大的差异，但政府保费补贴比例差别不大，而且这种省份占到了多数。如内蒙古、四川、天津、安徽、江西、河南、海南、辽宁、重庆和黑龙江的政府保费补贴比例基本相同，但不同保险产品保障水平跨度非常大，从 0 到 100% 不等，同样说明，我国农业保险保费补贴的针对性、导向性和补贴效果需要提升。

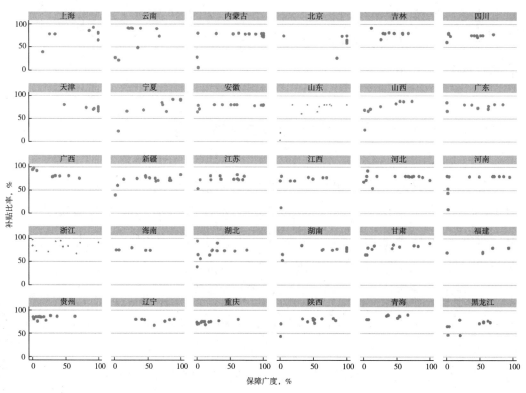

图 2-41　2018 年全国及各省（自治区、直辖市）农业保险政府杠杆和保障广度的散点图

5.4　本章小结

本章从保障杠杆的维度，利用分省（自治区、直辖市）数据分析了 2018 年各省（自治区、直辖市）农业及内部不同产业、不同品种的保险保障现状、结构特征和热点问题，得到了一些有意义的结论，主要有：

1. 2018 年我国各省（自治区、直辖市）农业保险保障杠杆在 16～204，种植业在 10～50，畜牧业在 7～38，各省（自治区、直辖市）农民购买农业保险的保费放大效应差异非常大，林业资源丰富的省份农业保险保障杠杆高于其他省份。

2. 农业保险保障杠杆最高，其次为种植业，畜牧业保险保障杠杆最低，且畜牧业保险保障杠杆倍数省域间的差距最小，这种区域差异不仅体现在保险保障杠杆上，还体现在和政府补贴力度直接相关的保险保费补贴比例指标上。

3. 当前西部地区对农业保险的保费补贴比例最高，但保险保障水平位居全国前三的北京、上海和天津，政府保费补贴比例并不突出。一个可能的原因是，西部地区农业保险对和扶贫政策挂钩，仍以传统成本保险为主，但这三个直辖市农业保险发展已进入了一个更高的阶段，农业保险创新占比更大。

4. 尽管各省（自治区、直辖市）农业保险费率的省际差异依然存在，但绝大部分省份的费率水平集中在平均水平附近，许多地理位置、自然条件相差巨大的省份保险杠杆倍数相同，但现有差距未能体现出各省风险的不同，农业保险精算定价和风险区划工作亟待开展。

5. 我国农业保险保费补贴在品种间的弹性和导向性不强，除上海、山西等个别省份外，各省份农业保险政府杠杆和保障广度之间的相关关系并不明显，政府杠杆或政府保费补贴比例相当的省份，保障广度指标的差异很大，而且这种省份占到了多数。

6. 各省（自治区、直辖市）农业保险保障赔付对比

6.1 各省（自治区、直辖市）农业保险保障赔付现状

保险赔付是一个或有责任，保险赔付是否发生以及赔付规模取决于当年的灾害和风险程度，当年的保险赔付或赔付率的高低并不能说明任何问题。为此，我们选择了过去十年（2009—2018 年）间我国各省农业保险的简单赔付率进行分析和展示（见图 2 - 42），可以看出：

1. 我国农业保险总体赔付率并不高，过去十年全国六成的省份农业保险简单赔付率在 60% ~ 70%，北京市和黑龙江省最高，简单赔付率超过了 80%，山东、青海、安徽、宁夏、内蒙古 5 个省份的农业保险赔付率较高，加权平均简单赔付率在 70% ~ 80%，贵州、陕西、江西、河北和四川农业保险赔付率最低，十年平均简单赔付率在 55% 以下，其中贵州省以 48% 的赔付率排名垫底。

2. 分产业看，畜牧业保险赔付率要明显大于种植业，全国畜牧业保险赔付率为 70%，而种植业保险赔付率为 65%，大部分省份的畜牧业保险赔付率要大于种植业保险赔付水平。畜牧业中，全国有 8 个省份过去十年畜牧保险的简单赔付率超过 75%，表明畜牧业保险赔付风险较高，其中，山西、湖北两省过去十年畜牧保险的平均赔付率超过 100%，一方面表明畜牧生产风险较高，另一方面说明这两个省份畜牧保险的保险费率可能低于精算费率，吉林和上海的畜牧业保险简单赔付率较低，分别为 53% 和 45%。种植业中，青海省种植业保险的赔付风险较高，过去十年简单赔付率高达 112%，北京种植业保险赔付风险其次，赔付率超过 90%，宁夏、黑龙江和山东 3 个省份的赔付率在 80% 左右，除此之外的 25 个省份简单赔付率都在 75% 左右及以下，其中，河北、江西、四川和广西的种植业保险赔付率最低，不足 50%。此外，从图 2 - 42 中还可以看出，一些省份，如贵州、青海、辽宁、黑龙江、安徽和湖南的种植业保险简单赔付率和畜牧业保险简单赔付率都要高于其农业保险总体赔付率，这说明在这些省份，林业保险的简单赔付率水平在农林牧渔中处于最低水平。事实上，这一推论在国家林业草原局和中国银保监会联合出版的《中国森林保险发展报告》中也可以得到印证①。

3. 对各省（自治区、直辖市）在农业、畜牧业和种植业保险赔付率中的排序情况进行归纳，我们认为：青海种植业保险、北京种植业保险、山西畜牧业保险、湖北畜牧业保险和黑龙江畜牧业保险的农业保险费率需要提高，其在过去十年的平均赔付率都超过了 90% 以上，处于长期亏损状态。相反，河北、江西、四川和广西 4 个省份的种植业保险，吉林、上海的畜牧

---

① 根据《中国森林保险发展报告（2017）》，贵州、青海、辽宁、黑龙江、安徽和湖南这 6 个省份的森林保险赔付率都在 20% ~ 40% 组。

业保险以及贵州农业保险的费率水平需要适度降低，其过去十年的加权平均赔付率在50%以下。

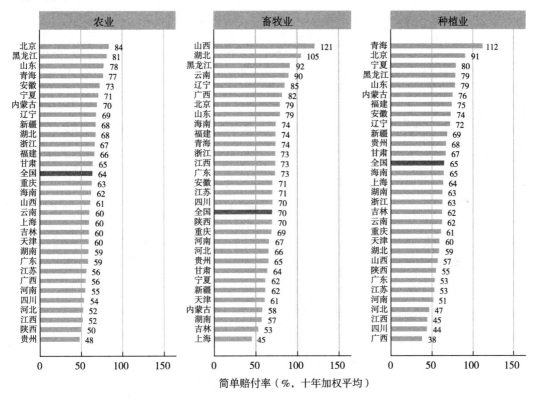

图2-42　过去十年全国及各省（自治区、直辖市）农业、种植业和养殖业保险简单赔付率

为进一步分析各省（自治区、直辖市）在农业保险赔付率方面的差异，避免承保结构不同造成的影响，我们对各省种植业和畜牧业中的四个典型农产品——油菜籽、玉米、生猪和肉羊保险简单赔付率进行了分析，如图2-43所示，有两点明显的发现。

（1）相比于种植业或畜牧业，各省（自治区、直辖市）具体农产品保险简单赔付率的离散程度更大，这一结果符合理论预期，因为种植业或畜牧业内部不同种类的农产品保险之间有自我对冲风险的作用。同时，这一结果也说明，在我国不同地区承保同一标的保险产品具有空间上对冲风险的可能性，如除肉羊外，其余三个农产品保险的全国简单赔付率在3% ~ 213%。同时，我们发现，不同省份玉米保险赔付率的离散程度最小，其次为生猪和肉羊，油菜籽保险赔付率的离散程度似乎最大，河北油菜籽保险简单赔付率高达158%，内蒙古、青海、新疆、河南和贵州5个省份油菜籽保险的简单赔付率也超过了100%，但近半数省份（9/19）油菜籽保险过去十年的赔付率低于50%，最低的上海，十年简单赔付率仅为3%。

（2）我国农业保险费率精算和风险区划的精细化工作亟待进行。虽然经过了十多年的快速发展，但我国农业保险的费率厘定工作依然非常粗糙，各省份不仅依然采用"一省一费"的简单做法，而且费率并没有根据风险情况进行评估和定价。从国外经验看，这一工作是农业保险健康持续发展的重要基础性工作，建议组织力量尽快开展，否则保险公司为了规避自身的承保风险，会自发选择在高风险地区不开展或少开展业务，制约农业保险保障水平的提升。如湖北省生猪保险和肉羊保险中赔付率均处于全国前两名，保险公司在该省开展业务的风险极大，这也解释了为什么湖北省农业保险以及这两个产品保险保障水平很低、在全国处于倒数水平。另外，结合图2-43和各省（自治区、直辖市）农业保险的保障杠杆来看，可以看出现阶段我国各省份农业保险的费率严重不合理。以油菜籽为例，贵州和江苏两省油菜籽保险的保险杠杆均为25（费率4%），但过去十年这两个省份油菜籽保险的简单赔付率分别为101%和14%。

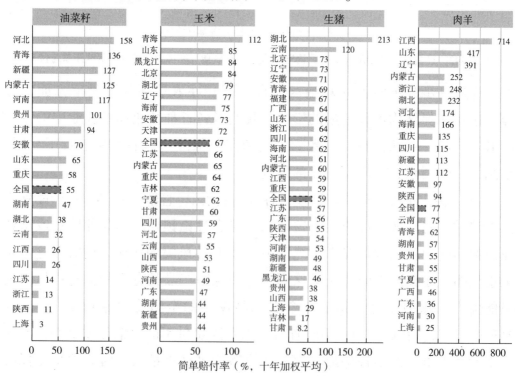

图2-43 过去十年全国及各省（自治区、直辖市）典型农产品保险简单赔付率

6.2 各省（自治区、直辖市）农业保险保障赔付的结构特征

根据本书中前述提到的农业保险保障评估方法，我们对各省（自治区、直辖市）农业保险赔付率进行了分解。图 2 - 44 展示了过去十年各省（自治区、直辖市）农业保险加权平均简单赔付率、受益率和单位赔付额，可以看出：

1. 过去十年我国各省（自治区、直辖市）农业保险赔付率比较接近，差异并不大，农业保险赔付呈现出鲜明的两极分化特征——"高获赔概率、低赔付金额"和"低获赔概率、高赔付金额"并存。过去十年，新疆、宁夏两区农业保险受益率（获赔面积占承保面积的比例）遥遥领先，在 30% 及以上，最高的新疆受益率接近 40%，即在农业保险承保范围内，每年平均有 30% ~ 40% 的承保单位会获得保险赔偿，但单位赔付额（受益单位中，单位保费获得的保险赔付金额）较低，处于全国最低水平之列。

2. 农业保险"协议赔付""保险赔付和风险没关系"的问题确实存在。从图 2 - 44 可以看出，四川、江西、云南、福建四省的受益率为全国最低，但单位赔付额遥遥领先，如果受灾，四川和江西省每一元保费可获得的保险赔偿在 30 元左右，云南和福建两省单位保费赔付在 60 元以上，保险赔付表现为"低获赔概率、高赔付金额"特征。我们认为，"高获赔概率、低赔付金额"的农业保险赔付模式可能并不合理，起码不符合保险的基本原理——承保的风险为不经常发生的风险，因为，如果获赔概率（本书中体现为农业保险受益率）很高的话，则说明造成农业保险损失的灾害较大，波及范围很广，一般而言，农业风险造成的损失会很大，农业保险赔付率应该会更高才对。但是从图 2 - 44 可以看出，呈现"高获赔概率、低赔付金额"的省份，其农业赔付率并没有显著高于其他省份，这和我国农业保险理赔的不规范有关，间接说明农业保险"协议赔付""保险赔付和风险没关系"的问题确实存在。

同样，为了避免各省（自治区、直辖市）承保结构不同对分析结果的影响，我们也对种植业和畜牧业中的四种典型产品——玉米、油菜籽、生猪和肉羊保险赔付率情况进行了分解，如图 2 - 45 所示。可以看出，（1）从具体品种保险的赔付情况来看，我国各省份农业保险两种赔付特征依然存在，各品种保险的受益率和单位赔付额总体呈现出明显的反向关系。黑龙江、

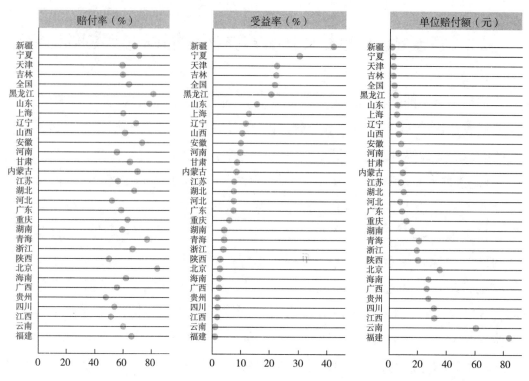

图 2 – 44　全国及各省（自治区、直辖市）农业保险赔付率分解（过去十年平均）

青海和吉林的玉米保险，湖北的生猪保险，山东、甘肃、新疆、河北、内蒙古和青海的油菜籽保险，以及河北、江苏、内蒙古和浙江的肉羊保险，都属于"高获赔概率、低赔付金额"类型。而湖南、广东的玉米保险，上海的肉羊保险，则属于"低获赔概率、高赔付金额"的类型；（2）畜牧业相对于种植业受益率省际差异更小、单位赔付额省际差异更大，政府支持力度高的品种，受益率和单位赔付额省际差异都更小。从图 2 – 45 中可以比较清晰地看到，生猪和肉羊两个畜牧业典型品种的受益率省际差异分别约为 20 和 50 个百分点，而玉米和油菜籽两个种植业典型品种的受益率省际差异分别约为 40 和 50 个百分点。种植业品种的受益率省际差异整体大于畜牧业，政府支持力度高的生猪和玉米的受益率省际差异分别小于政府支持力度低的肉羊和油菜籽。生猪和肉羊两个畜牧业典型品种的单位赔付额省际差异分别约为 30 和 60 个倍数，而玉米和油菜籽两个种植业典型品种的单位赔付额省际差异分别约为 20 和 40 个倍数。种植业品种的单位赔付额平均省际差异小于畜牧业，政府支持力度高的生猪和玉米的单位赔付额省际差异分别小于政府支持力度低的肉羊和油菜籽。

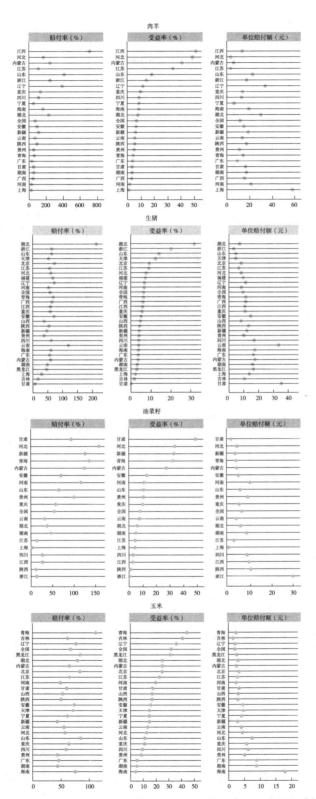

图 2-45　过去十年全国及各省（自治区、直辖市）典型品种保险赔付率分解

6.3 农业保险赔付热点问题分析

理论上讲，农业保险作为一种风险补偿工具，保险赔付应该和风险直接相关，大灾多赔、小灾少赔、无灾不赔。但近年来，社会各界对农业保险赔付是否真实、是否偏离这一理想状态的讨论伴随着农业保险保障规模的增长而不断升温。调研中，我们也发现我国农业保险虚假理赔、农业保险理赔补贴化（不管是否受灾保险公司每年都给农民一定份额赔偿）的问题非常突出，农业保险理赔不规范的现象不在少数。相比于直接补贴等其他政策工具，农业保险的优势之一就是理赔的精准性，但是如果农业保险理赔不真实、农业保险赔付和风险没关系，那么农业保险就会异化为补贴，农业保险理赔更加精准这一优势也会荡然无存。因此，发现和分析我国农业保险赔付中可能存在的问题，对于我国农业保险的健康发展具有重要意义。本节我们利用数据对这一热点问题进行分析。

根据非寿险精算学，一般财产保险的保险索赔次数和单位损失应当分别服从复合风险模型中的索赔次数分布和损失分布，且由于财产保险的承保风险符合独立同分布的特点，可以认为索赔次数和单位损失相互独立。当然，由于农业风险具有准系统性和空间相关性的特征，农业保险中的索赔次数（受益率）和单位损失（单位赔付额）相互独立这一条件并不成立，但是两者之间不应该存在负相关关系。当受益率和单位赔付额的相关系数接近 0 时，说明该地区某品种的农业风险系统性较小，风险单位之间具有独立性。当受益率和单位赔付额的相关性为正值时，则说明该地区风险较大，灾害事故不仅造成风险单位之间在空间上存在很大的相关性，同时会给每一个风险单位造成较大的损失。但是，如果受益率和赔付系数为负，则说明有人为干预控制农业保险赔付的现象存在，保险公司为了保证总赔付率在一定水平（如80%）之下，会人为压低对每一风险单位的损失赔付金额。

为了避免各省（自治区、直辖市）承保结构不同对分析结果造成的影响，本节同样选取了玉米、油菜籽、生猪和肉羊四种产品为例进行说明。我们计算得到了这四种保险产品在各个省份过去十年保险受益率和单位保费赔付额的相关系数，如图2－46所示。可以看出：

1. 从数据上看不能排除我国农业保险运营中协议理赔的可能性，且这个问题在各个品种各个省份普遍存在。本部分选择的玉米、生猪、油菜籽和肉羊4个典型品种保险，均有超过半数的省份保险赔付的受益率与单位赔付额呈负相关关系，且60%省份的玉米保险、1/3省份的油菜籽保险、61%省份的生猪保险和50%省份的肉羊保险，受益率和深度的相关系数存在严重的负相关，相关系数小于－0.5。

2. 各省（自治区、直辖市）农业保险赔付的规范程度并不相同，且这种规范性随保险产品的不同而不同，在有政府保费补贴的险种上，西部省份协议赔付的现象相对突出，但在政府无补贴的保险险种上，西部省份更加规范。从图2－46可以看出，在玉米保险赔付上，海南、山东、四川、湖南相对规范，贵州、新疆协议赔付的问题要相对严重。在生猪保险赔付上，吉林、陕西、山西、湖南、新疆、河南、安徽、黑龙江和贵州相对规范，甘肃和江西协议赔付现象相对突出，受益率和深度的相关性接近－1。在油菜籽保险赔付上，河南、安徽相对规范，湖北、重庆和云南规范程度最差。在肉羊保险赔付上，河南、云南、海南、陕西、甘肃相对规范，广东、湖南、浙江和宁夏问题相对突出。

另外，结合图2－45和图2－46似乎可以得出这样一条推论：农业保险承保风险高（赔付率高）的省份，大都存在农业保险协议赔付的问题。如湖北、北京、辽宁、安徽是生猪保险赔付率最高的四个省份，这四个省份生猪保险协议理赔问题都比较严重。这一发现不具有普适性，如山东和河南是油菜籽保险赔付最为规范的两个省份，相应的两省油菜籽保险赔付率也最高；在玉米保险和肉羊保险赔付率最高的省份中，有些省份理赔相对规范，另外一些省份协议赔付问题突出。这一结果说明，农业保险承保风险的高低并不是决定农业保险理赔规范与否的唯一因素。

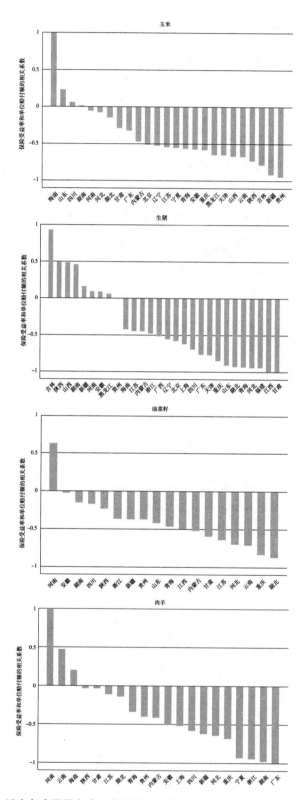

图 2-46　近十年全国及各省（自治区、直辖市）4 种典型产品保险的赔付特征

6.4　本章小结

　　本章从保险赔付的维度，利用省域数据分析了近十年各省份农业及内部不同产业、不同品种的保险赔付现状、风险结构特征和热点问题，得到了一些有意义的结论。

　　（1）我国农业保险总体赔付率并不高，过去十年全国 60% 的省份农业保险简单赔付率在 60%～70%，北京市和黑龙江省最高，赔付率超过了80%，贵州、陕西、江西、河北和四川 5 个省份农业保险赔付率最低，十年平均简单赔付率在 55% 以下，其中贵州省以 48% 的赔付率排名垫底。

　　（2）畜牧业保险赔付率要明显大于种植业，全国有 8 个省份过去十年畜牧保险的简单赔付率超过 75%，山西、湖北两省过去十年平均赔付率超过了 100%。而种植业中，除青海种植业保险过去十年平均赔付率超过100%，北京市赔付率超过 90%，宁夏、黑龙江和山东三省份的赔付率在80% 左右以外，有 25 个省份简单赔付率都在 75% 左右及以下。

　　（3）各省（自治区、直辖市）农业保险赔付率存在明显差异，具体品种保险赔付率的离散程度更大一些，这一方面说明我国不同地区承保同一标的保险产品具有空间上对冲风险的可能性。但另一方面对比各省份农业保险费率或保障杠杆，可以看出我国农业保险费率精算和风险区划的精细化工作亟待进行。现阶段我国各省份农业保险的费率严重不合理，以油菜籽为例，贵州和江苏两省油菜籽保险的保险杠杆均为 25（费率 4%），但过去十年这两个省份油菜籽保险的简单赔付率分别为 101% 和 14%。

　　（4）过去十年我国各省（自治区、直辖市）农业保险赔付率比较接近，差异并不大，但是农业保险赔付呈现出鲜明的两极分化特征——"高获赔概率、低赔付金额"和"低获赔概率、高赔付金额"并存，我国农业保险"协议赔付""保险赔付和风险没关系"的问题确实存在，各品种保险的受益率和单位赔付额总体呈现明显负相关关系，从数据上看不能排除我国农业保险运营中协议理赔的可能性。

（5）各省（自治区、直辖市）农业保险赔付的规范程度并不相同，且这种规范性随保险产品的不同而不同，在有政府保费补贴的险种上，西部省份协议赔付的现象相对突出；但在政府无补贴的保险险种上，西部省份更加规范。农业保险承保风险的高低并不是决定农业保险理赔规范与否的唯一因素。

第三篇　国际篇

农业保险保障的国际比较

本篇主要是选取最能反映农业保险风险保障程度的保障水平指标，对我国和美国、加拿大、日本等典型国家（地区）的农业保险保障进行系统全面的比较，比较的维度包括种植业保险、养殖业保险和重点产品保险。境外尤其是发达国家种植业保险历史悠久、高度发达，但许多国家养殖业保险并不发达，险种和发展规模都有限，故本篇对种植业保险的比较，从两章——总体比较、重点产品比较两部分进行介绍，而将养殖业保险总体比较和重点品种比较合并为一章。

7. 典型国家（地区）农业保险保障水平

7.1 美国农业保险保障水平

美国农业保险试点最早可追溯至 20 世纪 30 年代，经过 80 多年的发展和积累，逐渐形成了成熟的农业保险体系，成为世界上农业保险最发达的国家，对于世界农业保险的发展具有典型的示范作用。

结合《中国农业保险保障水平研究报告（2017）》，美国种植业保险保障水平可划分成三个阶段。1989—1994 年为平稳发展阶段，表现在保障水平基本稳定、保障广度较低，保障深度变化不明显；1995—2011 年为快速增长阶段，保障水平、保障广度和保障深度快速提升，参保农户和承保面积屡创新高；2011 年以后为美国种植业保险保障的第三个阶段，表现在农业保险保障已经达到很高的水平，保障广度、保障深度和保障水平稳步提高。从新增的 2016—2018 年数据可以看出，这期间美国种植业保险保障水平仍延续第三阶段发展：保障水平、保障广度和保障深度已到达很高水平且呈现稳步提升趋势；保障广度继续增加，2018 年美国种植业保险的保障广度高达 93.88%，几乎覆盖了所有的农作物，保障深度达 61.33%，保障水平达 57.58%（见种植业国际比较部分）。此外，2018 年美国农业法案改革中还特别关注到了特色作物的风险保障问题，将"提高保障"作为一项重要的内容（王克，2019），可以预见美国种植业保险保障水平将会进一步提高。

相对于快速发展、成熟完善的种植业保险，美国养殖业保险起步较晚，发展较为落后。21 世纪以前，美国农业保险计划几乎没有为牲畜养殖场提供任何形式的风险保障。2000 年才开始正式将牲畜纳入到农业保险的承保范围。2002 年由联邦农业保险公司（FCIC）推出牲畜价格保险（Livestock Risk Protection，LRP）和牲畜收益保险（Livestock Gross Margin，LGM），自 2005 年正式实施以来，为肉牛、奶牛、生猪和羔羊提供价格风险保障，受限于美国政府对畜牧业保险的财政支持，养殖业保险发展十分缓慢，保险范围和数量都十分有限（张玉环，2016；柴智慧和王俊，2016），2018年美国养殖业保险保障水平只有0.028%。

7.2　加拿大（曼尼托巴省）农业保险保障水平

加拿大农业支持政策包含农业稳定计划（AgriStability）、农业投资计划（AgriInvest）、农业保险计划（AgriInsurance）、农业恢复计划（AgriRecovery）、农业风险支持计划（AgriRisk）5大计划，其中农业保险对农场主收入贡献度大约占50%以上（王克，2019）。加拿大农业保险经过多年发展形成独特的全国性三方缔约（联邦、省/地区和农户）运营模式，各省政府组建保险公司对本省农业保险进行垄断性经营（朱俊生等，2016）。曼尼托巴省是草原三省之一，农业较为发达，农业保险的发展相对其他地区也更为完善。因此，鉴于加拿大农业保险分省经营的特色以及各省农业保险的发展水平，本篇选择曼尼托巴省来分析加拿大的农业保险保障水平。1959年加拿大通过了《加拿大联邦农作物保险法》，同年曼尼托巴省第一个通过了《曼尼托巴省农作物保险法》立法。1960年，曼尼托巴省开始正式在全省范围内推行农业保险，随后其他的省也相继开展农作物保险业务。

结合《中国农业保险保障水平研究报告（2017）》和新增的2015—2017年数据来看，曼尼托巴省的种植业保险保障水平出现了新的阶段性特征：第一阶段是1981—1995年缓慢提升阶段，此阶段保障水平、保障广度和保障深度开始稳步增加。第二阶段是1995—2011年快速提高阶段，此阶段保障广度以很快的速度提升到很高水平，保障深度和保障水平呈波浪式增长。第三阶段是2011—2017年平稳发展阶段，保障水平、保障广度和保障深度发展比较稳定且处于世界领先的水平（见种植业国际比较或本书图览部分）。2017年，曼尼托巴省种植业保险的保障广度达82.50%，保障深度达42.60%，保障水平为35.15%，维持在很高的水平。为了给农户提供更优质、更全面的风险保障，曼尼托巴省经营农业保险业务的公司——曼尼托巴省农业服务公司（MASC）采取了一些新的措施，例如，2018年降低农作物保险平均费率7%，2019年提高马铃薯等部分农产品的保额。

和种植业保险相比，加拿大养殖业保险发展较为缓慢，目前主要是为奶牛和生猪提供西部牲畜价格保险计划（Western Livestock Price Insurance，WLPI）。该计划由阿尔伯塔省首先开发，现已覆盖了西部几个省，但承保的牲畜种类不完全一样（朱俊生等，2016）。从 2014 年开始，加拿大在曼尼托巴省引入 WLPI 四年计划试点，为牛和生猪生产者提供价格保护，结算价格基于加拿大西部市场的平均价格，但加拿大曼尼托巴省的养殖业保险保障水平并不高，2017 年为 3.06%，为种植业保险的 1/10。

7.3 日本农业保险保障水平

日本农业保险（也称农业共济）始于 1947 年，在稳定日本农业经营、保持和提高农业生产能力、防止农业灾害损失、稳定区域经济等方面发挥了重要作用。1947 年，日本将 1929 年的《家畜保险法》和 1938 年的《农业保险法》合并成新农业保险法——《农业灾害补偿法》，建立起政府支持下互助农业保险制度（朱俊生，2013）。日本农业保险的特点是政策性强，国家通过立法对主要关系国计民生的农作物（稻类和麦类等）实行法定保险。日本农业保险已从最初的 3 种保险险种扩展到目前的 50 多种保险险种，包含了大多数的农作物、水果和家畜。

结合《中国农业保险保障水平研究报告（2017）》和新增的 2014—2016 年数据来看，日本的种植业保险仍延续以前的发展趋势，阶段性特征不够明显，保障水平、保障广度和保障深度起点较高，但增长态势不够明显，基本呈现平稳的直线状态（见种植业国际比较部分）。2016 年，日本种植业保险保障广度为 49.01%，保障深度为 43.80%，保障水平为 21.47%。这一数值不算太高，主要原因是日本种植业保险种类有限，主要是稻类和麦类保险。这两大类作物的保障广度在 90% 以上，保障深度在 70%～80%（Futoshi Okada，2016），而稻类、麦类的种植面积、承保面积相对稳定，保障广度变化不明显，这和日本政府规定农户的耕种面积达到一定规模则必须参加保险有关。需要说明的是，为了给日本农业生产提供更高、更全面的风险保障，日本政府对本国农业保险进行了重大调整，经过四年多的准备，于 2018 年正式推出了收入保险方案，2018 年 10 月起接受农民投保，在 2019 年正式实施（Fumihiro，2017）。预计这一变化会对日本农业保险保障产生重要影响。

与美国和加拿大不同，日本家畜保险（家畜共济）极其发达，保费收入甚至略高于种植业保险的保费收入（张玉环，2016）。日本早在 1947 年就通过了专门的《家畜保险法》，目前的养殖业保险主要承保奶牛、肉牛、马、种猪、育肥猪饲养过程中发生的伤、残、病、死，其中法定的传染病或巨灾引起的损失由国家再保险负责赔偿，对参与不同养殖业保险险种的农户，政府给予 30% ~50% 的保费补贴。2017 年，日本养殖业保险保障水平接近 40%，远超过其他国家。分品种看，肉牛的保障水平达到了 60% ~70%，奶牛的保障水平也接近 40%。

7.4 印度农业保险保障水平

为抵御多变的季风气候、确保本国农业生产的稳定，印度中央政府十分重视农业保险的发展。1965 年颁布的《农业保险法案》向地方政府推广农业保险计划并于 1970 年正式实施（邢鹏等，2010）。印度农业保险主要是种植业保险，政府致力于保障农户因多变的气候而造成的产量损失风险，养殖业保险很少。印度农作物保险实行阶段性的保险计划，中央政府在改进原有保险计划的基础上多次推出新的保险计划，新计划注重克服之前计划的弊端并提高农户参保率。印度农业保险发展阶段中保障深度和保障广度的交错变化都是伴随着保险计划的变化而发生的：1985—1999 年实行综合农作物保险计划（CCIS），1999—2007 年实行国家农业保险计划（NAIS），2008—2010 年在 NAIS 上增加了天气指数保险计划（WBCIS），2011 年开始实行 NAIS、调整后的 NAIS（即 mNAIS）和 WBCIS（后期调整为 RWBCIS）。2016 年开始实行总理农作物保险计划（PMFBY）[①]，原有的 NAIS 和 mNAIS 被 RWBCIS 和 PMFBY 所代替。

从新增的 2014—2016 年数据来看，印度种植业保险保障水平出现了新

---

① 印度总理莫迪于 2016 年 1 月开始实行农业保险新法案 PMFBY，新的法案降低了农户参与保险的费用、简化了理赔程序和标准，夏秋作物（水稻等）、春季作物（麦类和豆类）、经济作物只需分别按照 2%、1.5%、5% 的费率缴纳保费，剩余的部分由中央政府和地方政府承担。

的发展阶段，在《中国农业保险保障水平研究报告（2017）》的基础上，可重新划分为三个阶段：2000—2004 年逐步提高阶段，此阶段保障广度和保障深度在缓慢增加，保障水平逐步提高。2004—2014 年缓慢提升阶段，此阶段的突出特点是保障广度快速提高，保障深度稍有下降，保障水平缓慢提升。2014 年至今快速提升阶段，从 2014 年开始印度种植业保险保障水平、保障广度和保障深度呈现了快速增长的态势，其中保障深度提高得最为迅速（见种植业国际比较部分）。2016 年印度总理法案的正式实施更是进一步提升了印度种植业保险的保障程度，保障水平达 11.51%，保障广度达 28.63%，保障深度达 40.21%。从媒体报道情况来看，2016 年印度总理法案的实施效果并不尽如人意。虽然政府的高额补贴和巨大支持使得农作物保险覆盖率有所提高，扩大了农业保险的范围，但给印度中央政府及地方政府带来了很大财政压力。由于缺乏数据，目前并不了解印度养殖业及具体品种保险的情况，因此，印度农业保险保障的后续发展值得关注。

7.5 菲律宾农业保险保障水平

由于自然灾害发生频繁，为保障本国农业的持续发展，菲律宾很早就建立了农业保险制度。20 世纪 70 年代末的《农作物保险法》确定了菲律宾农业保险制度的运作框架，国家设立专门的农作物保险公司（PCIC）对全国的农业保险业务进行运营和管理，同时对农户和保险公司提供保费补贴和经营管理费补贴。为保障本国粮食供应，政府对主要的粮食作物——水稻和玉米实行强制险，将强制保险与农业贷款结合，对于参加保险的农民在其贷款上给予一定优惠。

结合《中国农业保险保障水平研究报告（2017）》和新增的 2014—2017 年数据来看，2012 年以前是菲律宾种植业保险保障水平的平稳发展阶段，此阶段保障水平和保障广度变化不大，保障深度呈不断下降的趋势，2012 年起进入稳步发展阶段，保障水平稳步提升，保障广度显著提高，扭转了保障深度的下跌趋势（见种植业国际比较部分）。2014—2017 年，菲律宾种植业保险保障水平继续稳步提升，保障广度增长速度明显加快，保障深度不再下跌，发展较为平稳。2017 年，菲律宾种植业保险的保障广度达

14.83%，保障深度达35.45%，保障水平为5.26%。与日本、印度相同，菲律宾种植业保险的保障深度总体上大于保障广度和保障水平。菲律宾农业保险在困境中谋求发展，其政府一直致力于扩大保险范围，大多数保险计划都由政府补贴，保费在农民、贷款机构和政府之间分摊，后者支付的费用最高。但即便这样，目前菲律宾农业保险参保率仍然很低，主要原因是农民对 PCIC 业务条款认识不足，政府补贴不能及时到位导致对农户的赔偿不能及时落实（Reyes 等，2015）。

PCIC 与菲律宾畜牧管理服务公司合作，对牛、马、猪、山羊、家禽等牲畜因事故、疫病和其他风险导致的死亡风险进行保障（Fezoil，2016）。2017 年菲律宾养殖业保险的保障水平达 0.954%，虽然保障水平还不足1%，但可以看出近些年来发展速度明显加快（见养殖业国际比较部分）。

7.6　土耳其农业保险保障水平

2005 年，土耳其通过《农业保险法》并成立土耳其农业保险联盟（Turkish Agricultural Insurance Pool，TARSIM），农业保险开始成为正式的制度来保障农民的农业生产。土耳其农业保险最大的特点是由财政部、农业部、农业协会、保监部门和私人公司共同构成的农业保险联盟经营农业保险，主要向农户提供作物和牲畜保险，发生灾害时，土耳其主要通过政府援助方案和私人保险公司赔付两种方式帮助农户恢复再生产。土耳其养殖业保险发展较晚，自 2016 年起 TARSIM 年度报告才有相关数据的统计。自2006 年以来，由国家支持的农业保险为减少自然风险造成的经济损失提供了重要保障，其中对农业保险的支持主要体现在政府提供 50%以上的保费补贴。2010—2014 年逐步将作物和温室洪涝保险、水果霜冻保险、蜜蜂保险等纳入国家财政支持范围。十多年来，土耳其农民对国家支持的农业保险信任度提高，保险的意识也逐步增强，土耳其的保费收入实现了显著增长。

仅看保障水平，土耳其的种植业保险保障水平大致可以分为两个阶段：2007—2010 年平稳阶段，此阶段保障水平变化幅度较小。2010 年至今逐步提升阶段，此阶段保障水平提升速度明显加快。从总体趋势上来看，土耳其目前的种植业保险保障水平仍然处在第二发展阶段：保障水平继续增长。

2017 年土耳其种植业保险的保障水平达到 17.11%。虽然土耳其农业保险联盟没有公布种植业保险承保面积的数据，不能计算出该国种植业保险保障广度和保障深度两个指标的情况，不过从保障水平指标来看，土耳其农业保险发展较快是毋庸置疑的。

8. 种植业保险保障水平的国际比较

8.1　种植业保险总体保障水平的比较

表 2－2 展示了近十年来中国和典型国家种植业保险的保费收入情况。可以看出，从保费收入来看，中国目前已经是世界上仅次于美国的第二大种植业保费收入大国，高于加拿大和日本这两个发达国家，远远高于发展中国家——印度、菲律宾、土耳其。从总体水平来看，美国种植业保险保费收入最高，达 100 亿美元左右，领先其他各国，其次是中国，目前达 50 亿美元，属于世界第二大种植业保费收入大国。印度 2016 年新实施的总理作物保险计划使保费收入实现突破性增长，达 33.45 亿美元，是 2015 年的 4 倍左右。从发展趋势来看，除日本种植业保费收入不断下降外，美国、印度、土耳其、菲律宾和中国都呈现保费规模不断扩大的趋势。从增长速度来看，相对于美国、加拿大等国家，中国、印度和土耳其等发展中国家保费收入增长潜力更大。中国、土耳其 2017 年种植业的保费收入是 2008 年的 5 倍左右，印度 2016 年种植业保费收入是 2008 年的 10 倍之多。

表 2－2　中国与典型国家种植业保险保费收入比较　　　　　单位：亿美元

年份	美国	日本	加拿大	印度	菲律宾	土耳其	中国
2008	98.51	4.52	14.20	2.04	0.05	0.59	10.21
2009	89.51	5.16	13.14	3.31	0.07	0.55	14.19
2010	75.95	4.94	12.68	5.15	0.08	0.67	15.94
2011	119.72	6.40	12.22	6.65	0.10	1.55	21.56

年份	美国	日本	加拿大	印度	菲律宾	土耳其	中国
2012	111.17	5.86	18.68	8.04	0.12	1.60	30.85
2013	118.08	4.53	20.92	8.09	0.30	1.84	39.14
2014	100.73	4.14	16.85	8.11	0.48	2.22	40.00
2015	97.67	2.69	16.36	8.80	0.47	2.69	45.03
2016	93.28	2.83	15.75	33.45	0.47	3.38	46.27
2017	100.72		17.33		0.48	3.36	50.07
2018	98.92						59.18

注：1. 加拿大农业保险分省统计，有些省份保费数据不全，无法加总反映加拿大的总体水平。本篇报告采用估算方法：根据朱俊生《加拿大农业保险考察报告》，2015—2016年曼尼托巴省保费占加拿大总保费的13.82%，用此比例来估算加拿大的种植业保费收入。

2. 日本2017年农作物共济数据还未公布。印度2017年的数据也未公布。

3. 各国保费收入统计货币单位不统一，按照世界银行年平均汇率统一换算为美元。

但如果从保障水平来衡量，中国的种植业保险保障水平与美国、加拿大、日本发达国家相比还有很大差距，虽然在发展中国家中处于第一梯队领先水平，但从2016年开始已被印度超越。从图2-47可以看出，美国总体种植业保险保障水平最高，其次是加拿大曼尼托巴省、日本、土耳其、印度、中国和菲律宾：美国保险保障水平维持在50%~60%的水平，加拿大达30%以上，日本为20%以上，土耳其和印度分别于2013年、2016年开始迈入10%的行列，中国从2018年开始才刚超过10%，菲律宾目前还处在5%的水平。1997年以前，美国与加拿大种植业保险保障水平平分秋色，自1997年开始，美国开始超过加拿大，保障水平迅速增加。起初日本种植业保险保障水平高于加拿大，但2007年加拿大开始超越日本，保障水平发展较快。土耳其、印度、中国种植业保险保障水平起步差别不大，但土耳其增长速度极快，2011年超过中国。印度2014年以前保障水平稳步提升，2016年开始提升，势头迅猛，超过中国。除日本保持平稳之外，其他5个国家的保障水平都呈上升趋势，发展中国家增长速度尤其快。2015—2018年，中国种植业保险保障水平持续增长，目前的保障水平基本和美国、加拿大90年代初期水平相当，相当于美国保障水平的1/5水平，加拿大的1/3水平，日本的1/2，因此中国种植业保障水平发展空间很大，有待继续提升。

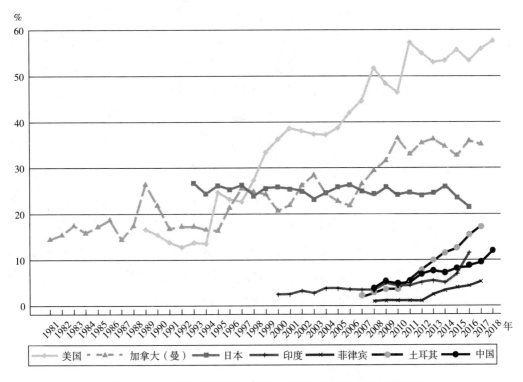

图 2 - 47　中国和典型国家（地区）种植业保险保障水平比较

注：1. 美国种植业的保险数据均来自美国联邦农作物保险公司《Summary of Business Report》中的 Combined Business 指标。下同。

2. 加拿大其他省份农业保险和农业经济数据不够完整，因此本篇加拿大农业保险保障水平仍以曼尼托巴省为例，其中种植面积数据来自加拿大统计局曼尼托巴省主要农作物的加总。下同。

3. 日本种植业保险数据 = 稻类（水稻、陆稻）+ 麦类（小麦、大麦）+ 田间作物（大豆、甜菜、甘蔗等）。下同。

4. 印度农业保险实行阶段性保险计划，图中数据为每年实行保险计划的保险数据加总。其中，2017 的保险数据来自总理总作物保险计划（PMFBY）+ 天气指数保险计划（RWBCIS），2011—2016 年国家农业保险计划（NAIS）+ 天气指数保险计划（WBCIS）+ 调整后的国家农业保险计划（MNAIS），2008—2010 年国家农业保险计划（NAIS）+ 天气指数保险计划（WBCIS），2001—2007 年国家农业保险计划（NAIS）。下同。

5. 菲律宾种植业主要就是水稻和玉米，因此上图中的种植面积和产值是水稻和玉米的加总。下同。

8.2　种植业保险保障广度的比较

从保障广度看，中国的种植业保险保障广度远超日本，几乎呈垂直增长态势，2018 年开始甚至已与美国、加拿大等发达国家比肩。从图 2 - 48可以看出，目前美国种植业保险保障广度最高，其次是加拿大（曼）、中国、日本、印度和菲律宾。美国 90% 以上农作物种植面积都涵盖在农作物保险之中，加拿大处在 80% 的水平，中国 2018 年迈入 80% 的行列，日本接近 50%，印度不足 30%，菲律宾保障广度较低，只有 10% 左右的水平。种植业保障广度水平与国家农业保险发展战略息息相关，从图 2－48 中可以看出各国保障广度起点不一，加拿大 20 世纪 80 年代就达到了 40% 的水平；美国在 1994 年，保障广度骤增，直至 1996 年开始与加拿大水平相当；日本种植业保障广度一直发展平稳，维持在 40% ~ 50%，增长压力较大；印度和菲律宾种植业保障广度比较低，提升保障广度一直是两国发展农业保险的关键；中国种植业保险保障广度特征鲜明，"低保障、广覆盖"的农业保险政策效果显著，保障广度增长速度极快，特别是 2014 年以来，进入飞速增长阶段。除日本外，6 个典型国家（地区）的保障广度都是上升趋势，增长态势都十分明显。2015—2018 年，中国种植业保险保障广度继续大幅增长，目前的保障广度已接近加拿大曼尼托巴省，承保作物的面积占全国总播种面积的 80% 以上，进入发达国家种植业保险保障广度行列。

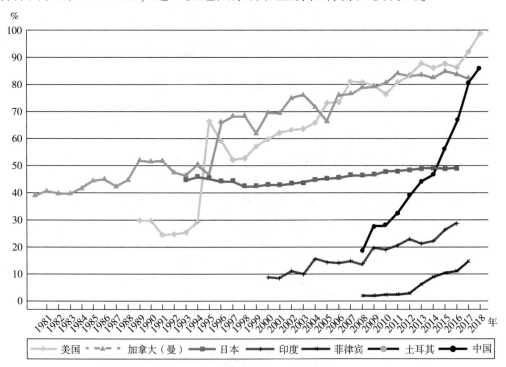

图 2－48　中国和典型国家（地区）种植业保险保障广度比较

　　注：土耳其农业保险联盟（TARSIM）中没有种植业的承保面积数据，故无法计算种植业保障广度和保障深度。下同。

8.3 种植业保险保障深度的比较

从保障深度看,中国的种植业保险保障深度严重不足,已成为阻碍我国农业保险发展的最大短板,处于世界下游地位,且呈现不断下降的趋势。从图2-49可以看出,目前美国种植业保险保障深度最高,其次是日本和加拿大,再次是印度和菲律宾,中国种植业保险保障深度最低,美国种植业保障深度达到60%左右的水平,加拿大和日本处在40%的水平,印度和菲律宾也达到了30%~40%的程度,中国种植业保险深度只有10%。发达国家(美、加、日)种植业保障深度起点较高,达到30%左右,发展中国家除菲律宾外普遍较低。相对于保障广度,各国种植业保险保障深度增长态势明显放慢,变化幅度较小,整体比较平稳:美国和加拿大(曼)的保障深度有小幅上升,日本、菲律宾、中国的保障深度呈下降趋势,2014年以前印度保障深度变化不大,自2014年以来保障深度以极快的速度提升。中国种植业保险保障深度一直在降低,这或许是保障深度跟不上过快发展的保障广度的结果,需要引起高度重视。2015—2018年,中国种植业保险保障深度不断降低,远低于印度和菲律宾两个发展中国家,仅为两国的1/3左右。

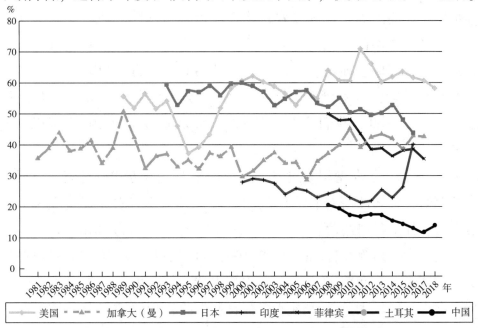

图2-49 中国和典型国家(地区)种植业保险保障深度比较

8.4 种植业保险政府支持的比较

保费补贴是世界各国普遍采用的农业保险支持方式。图 2 – 50 展示了中国和典型国家种植业保险保费补贴比例的情况。从保费补贴比例可以看出：（1）中国政府对种植业保险的保费补贴水平较高，2007 年以来一直保持高位，高于美、加、日等发达国家；（2）发达国家农业保险保费补贴总体稳定在 50% ~ 60%，发展中国家保费补贴增长较快，如印度、菲律宾两国保费补贴比例快速提升。印度种植业补贴比例的快速上升与印度实行阶段性农业保险计划有关，特别是 2016 年莫迪实行总理作物保险计划使补贴比例从 2015 年的 39.89% 增长到 2016 年的 81.65%。菲律宾种植业保费补贴比例最高，与其农业发展战略有关，国家对主要粮食作物水稻和玉米提供 90% 以上的保费补贴以保障本国的粮食供应。但是，需要说明的是，虽然除菲律宾外，中国种植业保险保费补贴比例最高，2018 年种植业保险保费补贴达到了 83.10%。但中国政府对农业保险的支持力度并不是最大的，主要有两个原因：第一，图 2 – 50 只展示了各国保费补贴比例，没有考虑到保险产品本身的区别。事实上，中国目前种植业保险以成本保险为主，保险金额很低，而美国等其他国家农作物保险以产量保险和收入保险为主，保额要远远高于中国的种植业保险；第二，保费补贴只是政府支持农业保险的方式之一，再保险补贴、经营管理费补贴等其他方式也是政府支持农业保险的重要手段，但中国只有保费补贴一项，和其他国家相比差距很大（见表 2 – 3）。据此，我们认为，中国政府对农业保险的支持力度还有很大的发展空间。

表 2 – 3 给出了典型国家对农业保险的主要支持方式一览表。根据世界银行的调研，各国政府对农业保险的支持方式主要有农业保险立法、农户保费补贴、保险公司经营管理费补贴、再保险/巨灾分散补贴、教育培训支持和产品开发补贴等（Mahul 等，2010）。可以看出：美国政府对农业保险的支持力度最大，涵盖了上述所有政策支持，加拿大和印度对农业保险的支持力度也相对较大。其他国家都有农业保险再保险或风险分散机制的支持，而中国在国家层面还没有建立起完整的农业再保险体系。目前中国对

农业保险的政策支持仅有《农业保险条例》的法律支持和保费补贴支持。可见，中国政府对农业保险的支持还有待继续提高，除保费补贴外，需要发展多样化的支持方式。

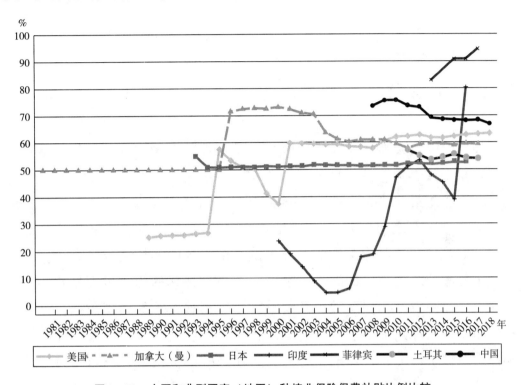

图 2-50 中国和典型国家（地区）种植业保险保费补贴比例比较

注：1. 本文中的补贴比例均指保费补贴比例；

2. 保费补贴比例 = （补贴/保费）×100%；

3. 菲律宾种植业保费补贴数据不全，仅有 2013 年、2015 年、2016 年、2017 年的数据。

表 2-3 典型国家政府对农业保险的支持政策

国家	农业保险立法	保费补贴	经营管理费补贴	再保险补贴	培训教育补贴	产品开发补贴
美国	√	√	√	√	√	√
加拿大	√	√	√	√	√	
日本	√	√	√	√		
印度	√	√	√	√		
菲律宾	√	√		√		
中国	√	√				

资料来源：结合 2010 年世界银行报告《*Government Support to Agricultural Insurance: Challenges and Options for Developing Countries*》以及文献整理。

9. 主要农作物保险保障水平的国际比较

9.1 比较说明

为比较中国与典型国家（地区）种植业保险保障水平的差异，本章选择中国粮、油、棉、糖、豆的代表作物——小麦、玉米、水稻、大豆、棉花、花生、甜菜、甘蔗、油菜籽 9 种农作物来对标国外进行分析，主要是比较国家（地区）之间 2010 年与最新年份（2018/2017 年）各种农作物保障水平、保障广度和保障深度的差异情况。由于各国种植结构各有不同，且受限于分品种统计数据的缺乏，本章每个品种选择的国家也不尽相同。印度缺失分品种农作物保险数据的统计，土耳其缺失承保面积数据，因此本章中印度和土耳其都不参与中外分品种的比较。美国分品种农业经济数据和保险数据统计完整，除油菜籽外，其他品种都可比较。中国与典型国家分品种农产品保障水平的比较国家选择如下：小麦——美国、加拿大；玉米——美国、菲律宾；水稻——美国、菲律宾、日本；大豆——美国、加拿大；棉花——美国；花生——美国；甜菜——美国；甘蔗——美国；油菜籽——加拿大。中国与典型国家种植业各分品种保险保障水平的比较如表 2 – 4 和表 2 – 5 所示。

表 2 – 4　中国与典型国家种植业各分品种保险保障水平比较（2010 年）　　单位：%

国家	类别	小麦	玉米	水稻	大豆	棉花	花生	甜菜	甘蔗	油菜籽
美国	保障水平	51.09	49.08	38.47	47.82	38.96	52.62	33.80	17.83	
	保障广度	87.55	83.44	75.74	84.52	92.98	91.60	90.36	77.48	
	保障深度	58.35	58.82	50.79	56.57	41.90	57.44	37.41	23.01	
加拿大（曼）	保障水平	60.37			65.77					78.49
	保障广度	87.94			98.28					95.75
	保障深度	68.65			66.92					81.97

国家	类别	小麦	玉米	水稻	大豆	棉花	花生	甜菜	甘蔗	油菜籽
日本	保障水平			71.24						
	保障广度			92.73						
	保障深度			76.83						
菲律宾	保障水平		0.37	1.31						
	保障广度		0.49	3.27						
	保障深度		74.55	39.92						
中国	保障水平	11.60	8.75	12.55	10.92	10.14	0.42	0.35	1.53	16.20
	保障广度	35.54	29.67	49.64	36.63	41.86	2.17	3.08	10.72	35.16
	保障深度	32.69	29.49	25.28	29.81	24.22	19.53	11.50	14.24	46.09
土耳其		—	—	—	—	—	—	—	—	—
印度		—	—	—	—	—	—	—	—	—

表 2-5　中国与典型国家种植业各分品种保险保障水平比较（最新年份）　　单位：%

国家	类别	小麦	玉米	水稻	大豆	棉花	花生	甜菜	甘蔗	油菜籽
美国	保障水平	71.19	78.31	60.39	73.77	85.15	55.66	58.30	31.28	
	保障广度	80.96	87.67	86.44	88.35	93.47	91.31	87.68	84.88	
	保障深度	87.93	89.32	69.87	83.50	91.10	60.97	66.50	36.85	
加拿大（曼）	保障水平	48.69			70.18					54.07
	保障广度	85.03			92.56					93.63
	保障深度	57.26			75.82					57.75
日本	保障水平			57.85						
	保障广度			97.95						
	保障深度			59.06						
菲律宾	保障水平		5.22	5.27						
	保障广度		10.03	17.38						
	保障深度		52.07	30.31						
中国	保障水平	36.70	25.94	27.64	20.35	47.06	8.98	25.36	16.50	16.95
	保障广度	71.02	60.38	76.26	41.93	73.87	29.15	88.26	66.64	50.10
	保障深度	51.69	42.95	36.24	48.54	63.70	30.80	28.74	24.77	33.83
土耳其		—	—	—	—	—	—	—	—	—
印度		—	—	—	—	—	—	—	—	—

注：由于各国种植业各分品种农业保险和农业经济数据更新不一致，所以该表选择中国与典型国家最新年份数据的比较。具体如下：美国小麦、玉米、水稻、大豆、棉花、花生为2018年数据，由于2018年甜菜和甘蔗的种植面积和产值数据未更新，因此采用2017年的甜菜和甘蔗数据进行比较。加拿大（曼）、菲律宾的所有品种数据都是2017年，日本为2016年，中国为2018年。

9.2 小麦保险保障水平的比较

图 2-51 和图 2-52 展示了中国、加拿大（曼）、美国三国小麦保险保障水平、保障广度和保障深度情况。可以看出，与 2010 年相比，2018 年中国与美国、加拿大（曼）的小麦保障水平、保障广度和保障深度差距在不断缩小，其中保障广度和保障深度追赶的速度较快，保障广度差距最小，保障水平提升较慢，与美、加相比仍有较大差距。从保障水平来看，目前美国小麦的保障水平最高，超过了 70% 的水平，2018 年中国小麦保险保障水平为 36.7%，不足美国的 1/2，大约为加拿大（曼）的 3/5。从保障广度来看，目前加拿大（曼）小麦的保障广度最高，覆盖了 85% 的小麦，美国略低，大约在 80% 的水平，中国小麦的保障广度为 71%，约为美国、加拿大（曼）的 4/5。从保障深度来看，仍然是美国小麦保障深度最高，达到 87.93% 的高度，加拿大（曼）小麦的保障深度没有保障广度高，目前大约在 57% 的程度，中国小麦的保障深度为 51.7%，约为美国的 1/2，加拿大（曼）的 3/4。

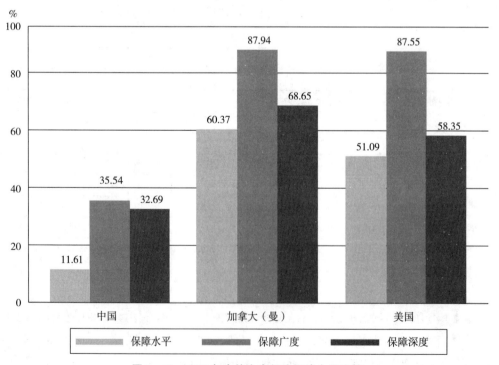

图 2-51　2010 年中外小麦保险保障水平比较

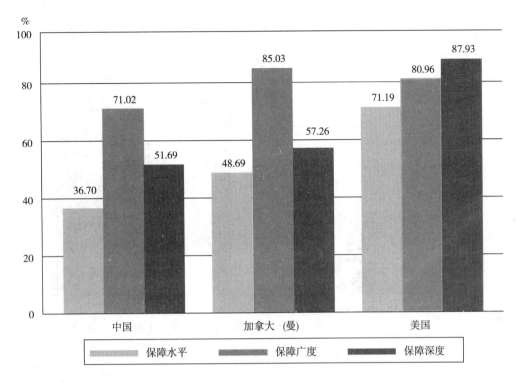

注：中国、美国为 2018 年数据，加拿大为 2017 年数据。

图 2 – 52 中外最新年份小麦保险保障水平比较

9.3 玉米保险保障水平的比较

玉米是许多国家的主产作物之一。图 2 – 53 和图 2 – 54 展示了菲律宾、中国、美国三国玉米保险保障水平、保障广度和保障深度情况。可以看出，与 2010 年相比，2018 年中国玉米保险的保障广度和保障深度有了大幅的提升，与美国差距也在不断缩小，保障水平还有很大的增长空间。从保障水平来看，目前美国玉米的保障水平最高，达到了 78.31% 的水平，而中国玉米保障水平只有 25.94%，大约为美国的 1/3 左右，菲律宾玉米的保障水平很低，大约只有 5%。从保障广度来看，目前美国玉米的保障广度最高，覆盖了 87.67% 以上的玉米，中国玉米的保障广度为 60.38%，大约为美国的 2/3，菲律宾玉米的保障广度仍然不高，只有 10%。从保障深度来看，仍然是美国玉米保障深度最高，接近 90%，菲律宾玉米的保障深度比保障水平和保障广度要高得多，达到了 52.07%，中国则为 43% 左右。

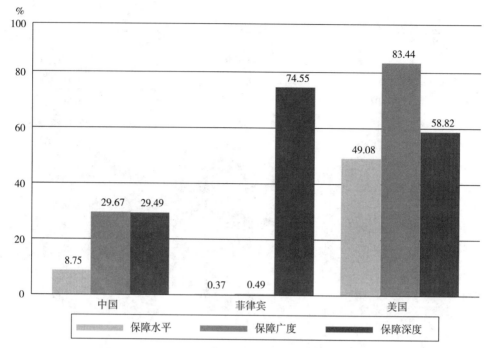

图 2 – 53　2010 年中外玉米保险保障水平比较

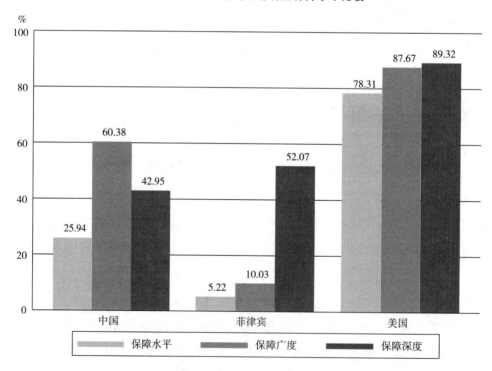

注：中国、美国为 2018 年数据，菲律宾为 2017 年数据。

图 2 – 54　中外最新年份玉米保险保障水平比较

9.4　水稻保险保障水平的比较

水稻是全球重要的大宗农产品，在许多国家都有种植。图 2 - 55 和图 2 - 56 展示了菲律宾、中国、美国、日本 4 国水稻保险保障水平、保障广度和保障深度情况。可以看出，2018 年中国水稻保险保障水平高于菲律宾，保障深度与菲律宾相当，但是与美国和日本相比还有很大差距，中国水稻的保障广度提升速度较快，与美国、日本差距较小。从保障水平来看，2010 年日本稻类的保障水平最高，大约在 70% 的水平，2018 年美国水稻保障水平超过日本，达到 60% 的水平，中国水稻保险保障水平较低，只有 27.64% 的水平，菲律宾水稻的保障水平最低，大约只有 5%。从保障广度来看，2018 年日本水稻的保障广度最高，覆盖了 97% 以上的水稻，中国水稻的保障广度与美国和日本差距较小，大约在 76.26% 的水平，菲律宾水稻的保障广度不到 20%。从保障深度来看，2010 年日本稻类保障深度最高，最新年份中，美国水稻保障深度超过日本，接近 70%，中国和菲律宾水稻的保障深度相当，大约在 36% 和 30% 左右的水平。

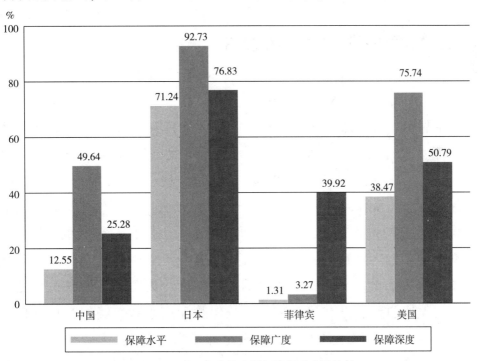

图 2 - 55　2010 年中外水稻保险保障水平比较

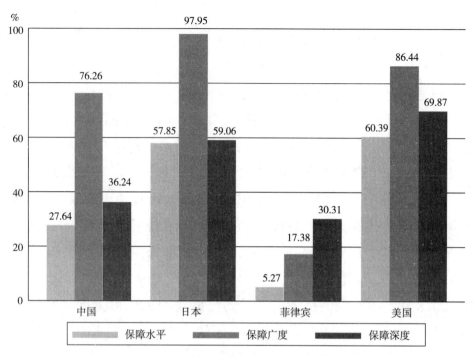

注：1. 中外水稻的对比中，日本为稻类（水稻＋陆稻）。

2. 中国、美国为2018年数据，菲律宾为2017年数据，日本为2016年数据。

图 2 - 56　中外最新年份玉米保险保障水平比较

9.5　大豆保险保障水平的比较

图 2 - 57 和图 2 - 58 展示了中国、加拿大（曼）、美国三国大豆保险保障水平、保障广度和保障深度情况。可以看出，与 2010 年相比，中国大豆保险保障水平有所增长，但保障水平仍然不足，2018 年为美国、加拿大（曼）的 2/7 左右，保障广度、保障深度增长较快，与美国、加拿大（曼）差距逐渐缩小。从保障水平来看，美国和加拿大（曼）的保障水平相当，目前大约都在 70% 的水平，中国与两国相比，还是有一定差距。从保障广度来看，加拿大（曼）的保障广度最高，覆盖了 90% 以上的大豆，其次是美国在 88% 左右的水平，中国大豆的保障广度约为美国、加拿大（曼）的一半，与美加的差距正在不断缩小。从保障深度来看，美国大豆的保障深度最高，达到 80% 以上的水平，其次是加拿大（曼），维持在 70%，中国大豆保险保障深度正在不断提高，目前为 48.54% 的水平。

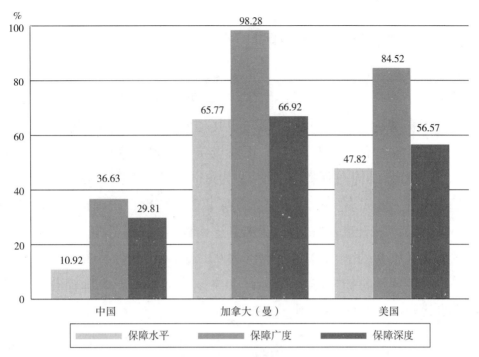

图 2-57　2010 年中外大豆保险保障水平比较

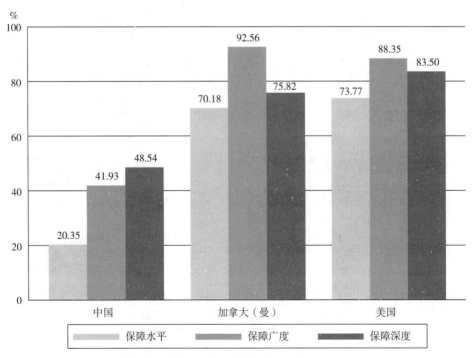

注：中国、美国为 2018 年数据，加拿大为 2017 年数据。

图 2-58　中外最新年份大豆保险保障水平比较

9.6 棉花保险保障水平的比较

图 2 - 59 和图 2 - 60 展示了中国、美国两国棉花保险保障水平、保障广度和保障深度情况。可以看出，相对于其他农作物，中国棉花保险的保障水平、保障广度和保障深度很高，正以极快的速度追赶美国。从保障水平来看，2018 年美国棉花保险保障水平为 85.15%，中国目前大约为 47%，相当于美国的 3/5 左右，相对于保障广度和保障深度，中国棉花保险的保障水平还有待继续提升。从保障广度来看，中国棉花的保障广度与美国和加拿大差距正在不断缩小，2018 年美国为 93.47%，中国为 73.87%。从保障深度来看，美国棉花的保障深度达到 90% 以上的水平，中国棉花保险的保障深度也比较高，2018 年达到了 63.7%。

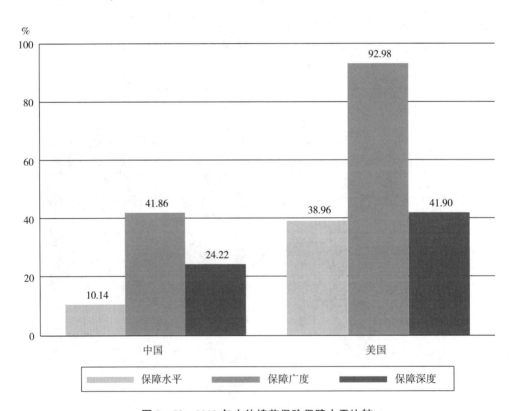

图 2 - 59 2010 年中外棉花保险保障水平比较

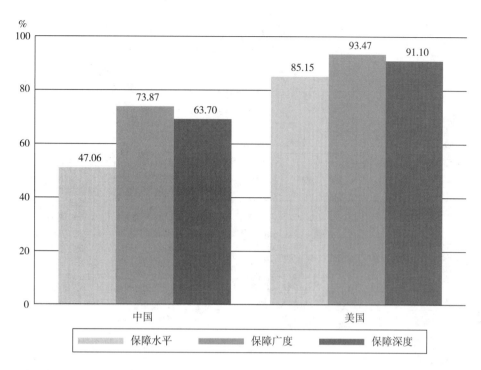

注：中国、美国为 2018 年数据。

图 2 – 60　中外最新年份棉花保险保障水平比较

9.7　花生保险保障水平的比较

图 2 – 61 和图 2 – 62 展示了中国、美国两国花生保险保障水平、保障广度和保障深度情况。可以看出，2010 年中国花生的保障水平和保障广度极低，2018 年虽有较大提升，但相对于其他农作物，中国花生保障水平与美国相差悬殊，保障广度不足，保障深度虽然差距正在缩小但仍需继续提高。从保障水平来看，2018 年美国花生保险保障水平为 55. 66%，中国花生保障水平虽有增长但幅度不大，中国目前花生的保障水平不到 10%。从保障广度来看，美国花生保险的保障广度已接近 90% 的程度，中国花生的保障广度不到 30%。从保障深度来看，美国花生的保障深度达到 60% 以上的水平，中国目前是处在 31% 的程度。相对于保障水平和保障广度，保障深度与美国的差距相对较小。

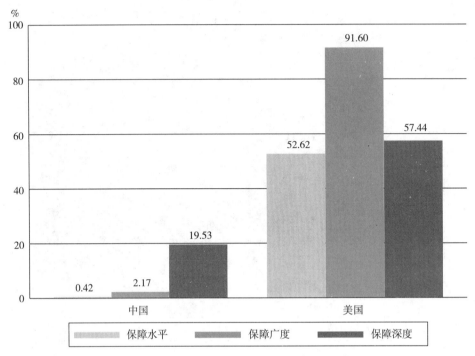

图 2-61　2010 年中外花生保险保障水平比较

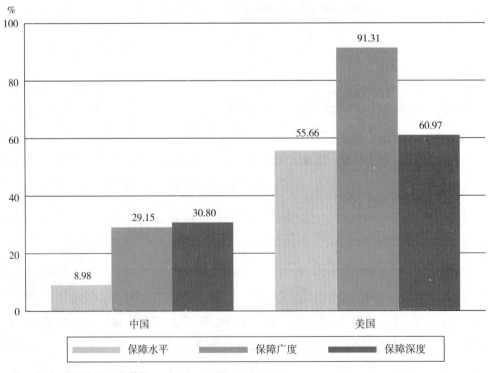

注：中国、美国为 2018 年数据。

图 2-62　中外最新年份花生保险保障水平比较

9.8 甜菜保险保障水平的比较

图 2 – 63 和图 2 – 64 展示了中国、美国两国甜菜保险保障水平、保障广度和保障深度情况。可以看出，相对于 2010 年，2018 年中国甜菜保险保障水平、保障广度和保障深度提升较多。尤其是保障广度增长极快，与美国 2017 年甜菜的保障广度相当，但总体保障水平和保障深度还是与美国有一定的差距。从保障水平来看，2017 年美国甜菜保险保障水平接近 60%，中国甜菜 2018 年保障水平大约为美国 2017 年的 2/5。从保障广度来看，中国甜菜保障广度比较高，从 2010 年的 3.08% 增长到 2018 年的 88.26%，略高于美国的保障广度。从保障深度来看，目前美国甜菜的保障深度为 66.50%，中国则还未到 30%，保障深度还有一定的提升空间。

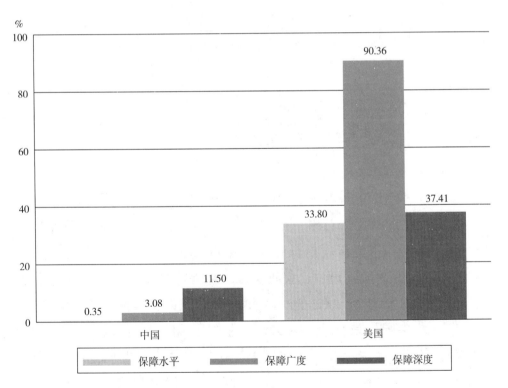

图 2 – 63　2010 年甜菜中外保险保障水平比较

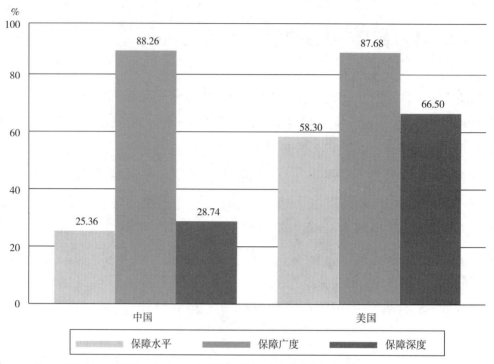

注：中国为 2018 年数据。由于 2018 年甜菜的种植面积和产值数据未更新，图中展示的是美国 2017 年的数据。

图 2 -64　中外最新年份甜菜保险保障水平比较

9.9　甘蔗保险保障水平的比较

图 2 -65 和图 2 -66 展示了中国、美国两国甘蔗保险保障水平、保障广度和保障深度情况。可以看出，相对于 2010 年，2018 年中国甘蔗保险保障水平、保障广度和保障深度增长较快，保障水平和保障深度大约为美国的 2/3 左右，特别是保障广度，已接近美国。从保障水平来看，2017 年美国甘蔗保险的保障水平为 31.28%，2018 年中国甘蔗的保障水平在 16.5%，与 2010 年相比，中国与美国之间保障水平的差距不断缩小；从保障广度来看，中国甘蔗保障广度增长较快，与美国差距比较小，美国为 84.88%，中国则达到了 66.64%。从保障深度来看，美国甘蔗的保障深度目前为 36.85%，中国达到了 25% 左右，差距也在不断缩小。

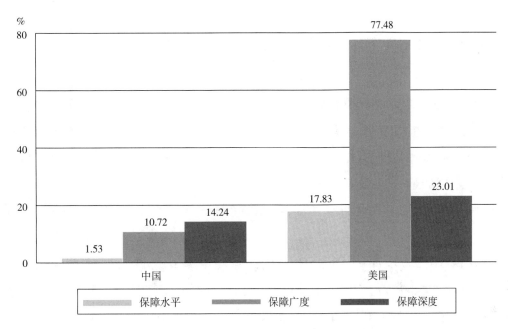

图 2 − 65　2010 年甘蔗中外保险保障水平比较

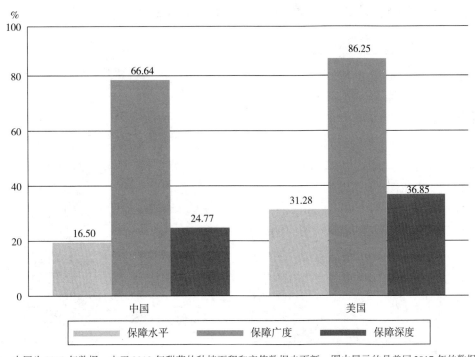

注：中国为 2018 年数据。由于 2018 年甜菜的种植面积和产值数据未更新，图中展示的是美国 2017 年的数据。

图 2 − 66　中外最新年份甘蔗保险保障水平比较

9.10 油菜籽保险保障水平的比较

图 2-67 和图 2-68 展示了中国、加拿大（曼）两国油菜籽保险保障水平、保障广度和保障深度情况。可以看出，相对于 2010 年，2018 年中国油菜籽保险保障水平变化不大，与加拿大（曼）的差距较大，保障广度有所增加，与加拿大（曼）的差距正在缩小，但保障深度有一定的下降。从保障水平来看，2017 年加拿大（曼）油菜籽的保障水平相对于 2010 年有所降低，从 78.49% 降至 54.07%，中国油菜籽的保障水平提升幅度不大，从 2010 年的 16.2% 增加到 16.95%。从保障广度来看，目前加拿大（曼）油菜籽保障广度非常高，覆盖了 90% 以上的油菜籽，中国油菜籽的保障广度大约有加拿大（曼）的一半。从保障深度来看，2010 年加拿大（曼）油菜籽的保障深度高达 81.97%，2017 年降为 57.75%，中国油菜籽的保障深度也有一定的下降，从 2010 年的 45.09% 降到了 2018 年的 33.83%。

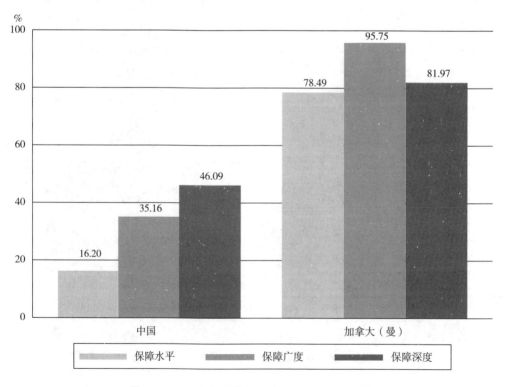

图 2-67　2010 年油菜籽中外保险保障水平比较

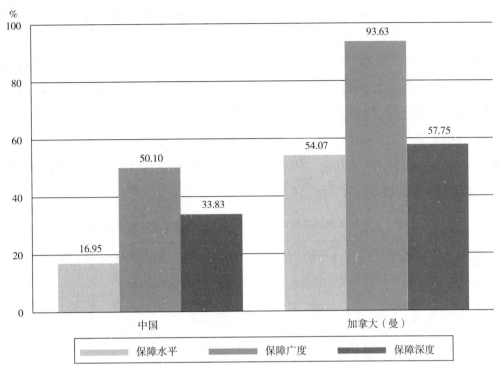

注：中国为 2018 年数据，加拿大（曼）为 2017 年数据。

图 2 – 68　中外最新年份油菜籽保险保障水平比较

10. 畜牧业保险保障水平的国际比较

10.1　比较说明

相对于历史悠久、发展较为完善的种植业保险，全球范围内的畜牧业保险发展起步较晚，目前的保障水平普遍很低。受限于各国畜牧业保险的发展现状及畜牧业保险、经济数据的可获得性，印度缺乏畜牧业及分品种方面的数据，因此不列入本章比较。由于畜牧业分产业计算时涉及养殖数量量纲的不同，无法核算养殖数量这一指标，因此本篇只利用得到的保额与产值数据，比较中国与典型国家（地区）畜牧业保险保障水平的差异。本章选择中国畜牧业保险的代表品种——肉牛、奶牛、生猪和羊等 4 个品种来对标国外进行分析，主要是比较中国与典型国家（地区）之间 2010/2011 年与最新年份各品种保障水平、保障广度和保障深度的差异情况。菲律宾缺乏分品种畜牧业的保险数据统计，因此不参与分品种的比较。加拿大（曼）缺乏养殖数量数据统计，也不列入分品种比较。日本畜牧业保险数据齐全，除羊以外，都可以参与分品种比较。具体而言，中国与典型国家分品种畜牧业保障水平的比较国家选择如下：肉牛——美国、日本；奶牛——日本；生猪——美国、日本；肉羊——土耳其。因此，中国与典型国家分品种畜牧业保险保障水平的比较如表 2-6 和表 2-7 所示。

表 2-6　中国与典型国家畜牧业各分品种保险保障水平比较（2010 年）　单位：%

国家	类别	肉牛	奶牛	生猪（2011）	肉羊（2011）
美国	保障水平	0.002		0.16	
	保障广度	0.002		0.13	
	保障深度	142.96		118.71	
日本	保障水平	76.09	38.95	4.79	
	保障广度	85.03	100.00	19.21	
	保障深度	89.48	38.95	24.96	
土耳其	保障水平				0.30
	保障广度				0.21
	保障深度				140.47
中国	保障水平	0.005	6.14	1.44	0.24
	保障广度	0.005	9.96	4.96	0.52
	保障深度	41.18	31.21	27.47	31.27
加拿大（曼）		—	—	—	—
印度		—	—	—	—
菲律宾		—	—	—	—

注：土耳其自 2011 年才开始有羊的数据，日本生猪保险 2011 年数据才齐全，因此对 2011 年中国与土耳其羊保险，中国与日本生猪保险进行了比较。

表2-7 中国与典型国家畜牧业各分品种保险保障水平比较（最新年份）　　单位：%

国家	类别	肉牛	奶牛	生猪	羊
美国	保障水平	0.002		0.10	
	保障广度	0.002		0.07	
	保障深度	125.30		133.42	
日本	保障水平	66.75	38.91	4.75	
	保障广度	90.18	100.00	24.80	
	保障深度	74.02	38.91	19.15	
土耳其	保障水平				3.29
	保障广度				3.89
	保障深度				84.66
中国	保障水平	2.83	24.12	17.47	2.91
	保障广度	2.73	68.91	46.61	5.52
	保障深度	56.06	35.00	38.74	36.65
加拿大（曼）		—	—	—	—
印度		—	—	—	—
菲律宾		—	—	—	—

注：美国、中国的数据为2018年，日本和土耳其数据为2017年。

10.2　畜牧业保险保障水平的比较

从图2-69可以看出，典型国家（地区）中，日本畜牧业保险保障水平一枝独秀，遥遥领先于其他国家，中国的畜牧业保险保障水平仅次于日本，随后的是加拿大（曼）、菲律宾，美国畜牧业保障水平最低，仅在0.05%的程度。日本畜牧业保险保障水平最高，1994年高达45.90%；其次是中国，目前接近13%的水平；加拿大（曼）在2%~3%；菲律宾畜牧业保险保障水平不足1%，但近些年发展速度较快；美国畜牧业保险的保障则十分有限，还不足0.1%。日本畜牧业保险起步较早，1994—2007年畜牧业保险保障水平发展平稳，维持在40%的水平，但2008—2015年开始保障水平出现下降趋势，跌至30%左右，2015年开始回升，2017达到了37.89%的水平。相较于日本，其他国家畜牧业保险起步较晚，大都自 2006 年以后才开始。美国畜牧业保险保障水平极低，变动幅度也不大。菲律宾从 2014 年开始略超越美国，畜牧业保险保障水平有了明显的提升。加拿大（曼）畜牧业保险保障水平整体要高于美国和菲律宾，在经历 2015 年的短暂下降后，近些年有略微的提升。中国畜牧业保险保障水平要高于美国、加拿大（曼）、菲律宾，自 2008 年开始呈现逐步增长的趋势，特别是从 2011 年开始，增长速度明显加快，2018 年达到 12.92%。

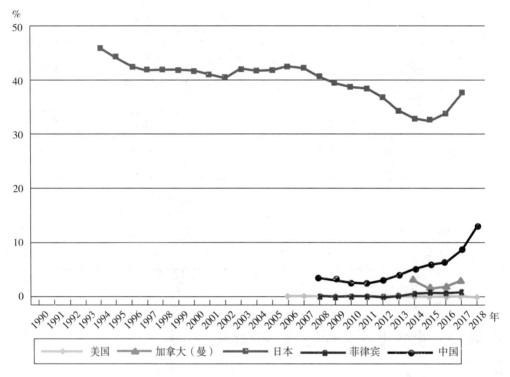

注：1. 本篇中美国畜牧业产业保险和经济数据是牛和猪数据相加所得，其中养殖数量＝市场销售量＋农户屠宰量＋死亡量。

2. 日本畜牧业主要包括奶牛、肉牛、马、猪（种猪和育肥猪）。

3. 土耳其缺乏畜牧业的产业数据，因此不参与比较。

图 2 - 69　中国和典型国家（地区）畜牧业保险保障水平比较

10.3　肉牛保险保障水平的比较

图 2 - 70 和图 2 - 71 展示了中国、美国、日本三国肉牛保险保障水平、保障广度和保障深度情况。可以看出，日本肉牛的保障水平、保障广度和

保障深度都很高，中国、美国肉牛的保障水平和保障广度几乎为0，与日本相差甚大。与保障水平和保障广度不同的是，中国肉牛的保障深度较高。与2010年相比，2018年中国肉牛的保障水平、保障广度和保障深度有一定的提升，日本的保障水平和保障深度有所下降，保障广度提升至90%的水平。从保障水平来看，2017年日本肉牛的保障水平最高，达到了66.75%的水平，2018年中国肉牛保险保障水平为2.83%，美国更低，不足0.1%。从保障广度来看，目前日本肉牛的保障广度最高，几乎覆盖了90%以上的肉牛，中国、美国远远落后于日本，中国肉牛的保障广度为2.73%，美国仅为0.002%。从保障深度来看，虽然美、中保障水平和保障广度极低，但保障深度都比较高，日本肉牛的保障深度由2010年的89.48%下降到2017年的74.02%，中国的保障深度则由41.18%上升至56.06%。因此，相对于种植业的快速发展，中国肉牛的保障广度和保障水平有待继续发展。

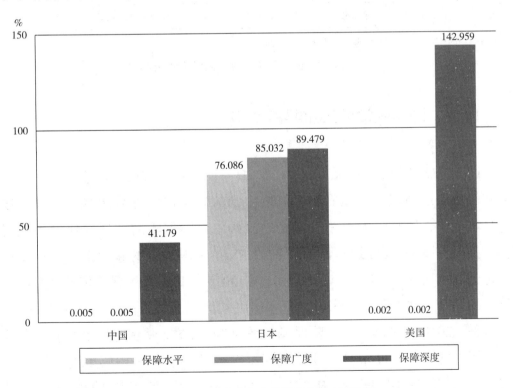

图2-70 2010年肉牛中外保险保障水平比较

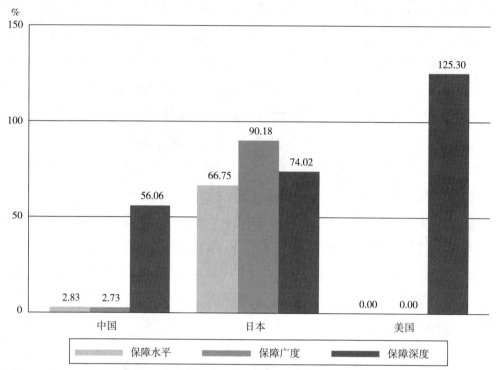

注：中国、美国数据为 2018 年，日本为 2017 年。

图 2 -71　中外最新年份肉牛保险保障水平比较

10.4　奶牛保险保障水平的比较

　　图 2 -72 和图 2 -73 展示了中国、日本两国奶牛保险保障水平、保障广度和保障深度情况。可以看出，虽然中国的奶牛保险保障水平、保障广度与日本相比，还有很大差距，但是中国奶牛保险保障的发展要比肉牛好得多，甚至保障深度已经与日本相当。2018 年中国奶牛的保险水平和保障广度是 2010 年的 6 倍多，相对于 2010 年，2017 年日本奶牛保险保障水平没有显著的提升。从保障水平来看，日本奶牛的保障水平很高，达到了 38.91%的水平，2018 年中国奶牛保险保障水平为 24.12%。从保障广度来看，目前日本奶牛的保障广度很高，几乎覆盖了全部的奶牛，中国奶牛的保障广度与日本的差距在不断缩小，从 2010 年的 9.96%增长到 2018 的 68.91%。从保障深度来看，无论是 2010 年还是 2018 年，中国奶牛的保障深度都与日本相差不多，目前接近 40%的程度，中国奶牛的保障深度要略低于日本。

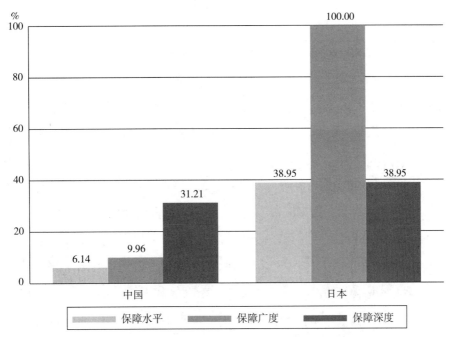

图 2-72 2010 年奶牛中外保险保障水平比较

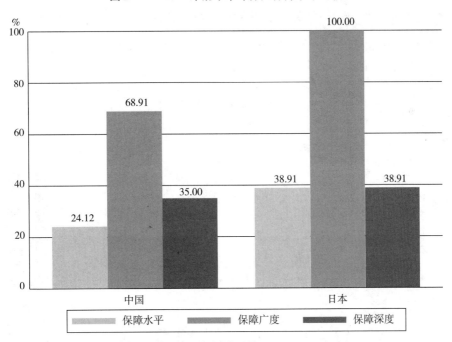

注：1. 美国奶牛承保单位是百磅牛奶，无法参与比较。

2. 日本 2010 年和 2017 奶牛保障广度有异常，处理为 100%

3. 中国为 2018 年数据，日本为 2017 年数据。

图 2-73 中外最新年份奶牛保险保障水平比较

10.5　生猪保险保障水平的比较

图 2－74 和图 2－75 展示了中国、美国、日本三国生猪保险保障水平、保障广度和保障深度情况。可以看出，目前中国生猪保险保障水平和保障广度领先于美国和日本，美国保障程度最低，保障水平和保障广度还不足 0.1%。2018 年中国生猪的保障水平和保障广度都有很大的提升，相对于快速增长的保障广度，2018 年的保障深度比 2011 年有所下降。从保障水平来看，相对于日本的其他家畜，日本的生猪保险保障水平比较低，2017 年不足 5%，中国生猪的保障水平高于日本，2018 年达到了 17.47%。美国生猪的保障水平很低，目前仅有 0.1% 的水平。从保障广度来看，中国生猪保险的保障广度较高，2018 年相比于 2011 年保障广度增加了 30% 多。日本目前的保障广度大约为中国的一半。美国的保障广度仍然不高，徘徊在 0.1% 的程度。从保障深度来看，美国虽然保障水平和保障广度极低，但保障深度较高。相对于 2011 年，日本和中国最新年份的保障深度都有不同程度的降低。

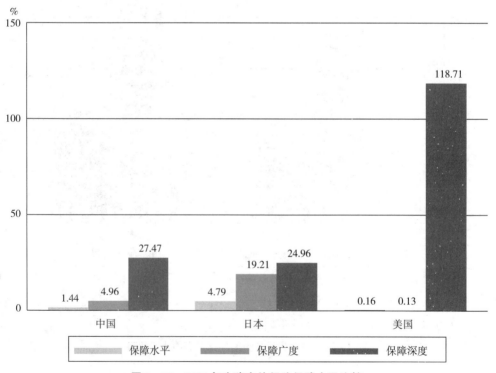

图 2－74　2011 年生猪中外保险保障水平比较

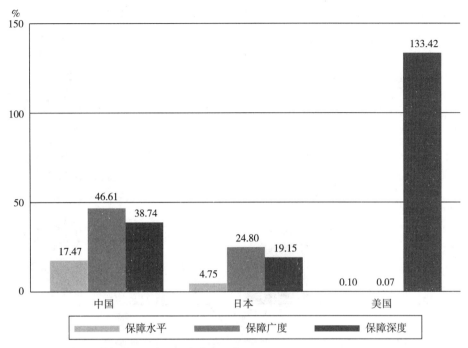

注：美国和中国的数据为 2018 年，日本为 2017 年。

图 2 - 75　中外最新年份生猪保险保障水平比较

10.6　肉羊养殖保险保障水平的比较

图 2 - 76 和图 2 - 77 展示了中国、土耳其两国肉羊保险保障水平、保障广度和保障深度情况。可以看出，土耳其与中国的肉羊养殖保险的保障水平和保障广度都差异较小，目前不足 5.5%。2018 年土耳其肉羊养殖保险的保障水平略高于中国，中国的保障广度略高于土耳其，但土耳其肉羊的保障深度远高于中国，中国不足土耳其的 1/2。从保障水平来看，目前土耳其和中国肉羊养殖保险的保障总体水平相差不大，土耳其略高于中国，保障水平都比较低。中国的肉羊养殖险的保障水平从 2011 年的 0.24% 上升到 2018 的 2.91%。从保障广度来看，中国肉羊养殖保险的保障广度略高于土耳其，2018 年中国肉羊养殖保险保障广度为 5.52%，土耳其为 3.89%。从保障深度来看，土耳其肉羊养殖保险的保障深度比较高，达到了 80% 以上的水平。2018 年中国肉羊养殖保险的保障深度与土耳其相比还有一定的差距，目前接近 40% 的程度。

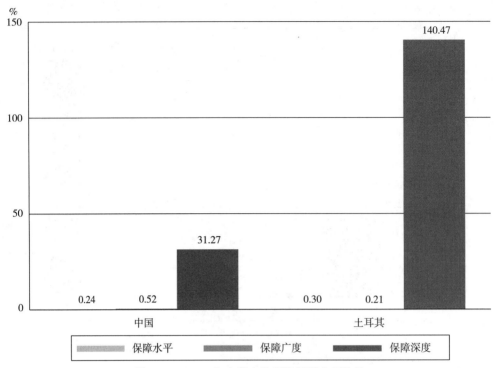

图 2-76　2011 年肉羊中外保险保障水平比较

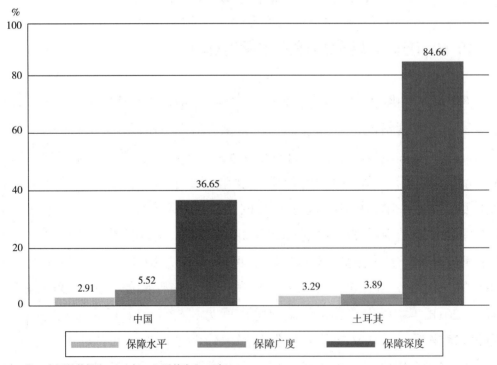

注：中国的数据为 2018 年，土耳其为 2017 年。

图 2-77　中外最新年份肉羊保险保障水平比较

数据图览

1. 全国及各省（自治区、直辖市）农业保险保障

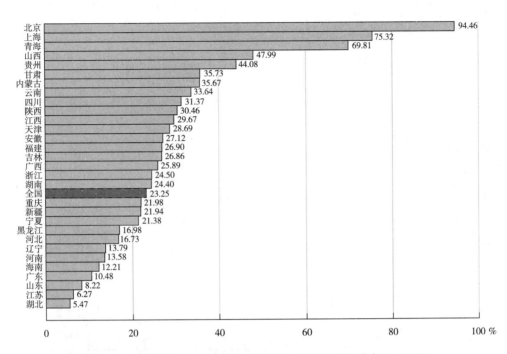

图 3 - 1　全国及各省（自治区、直辖市）农业保险保障水平（2018）

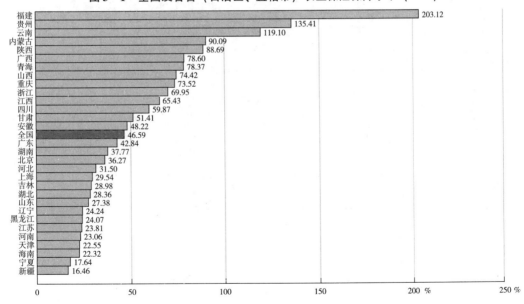

图 3 - 2　全国及各省（自治区、直辖市）农业保险保障杠杆（2018）

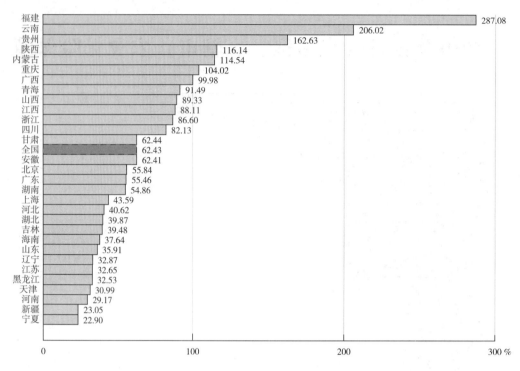

图 3-3　全国及各省（自治区、直辖市）农业保险政府杠杆（2018）

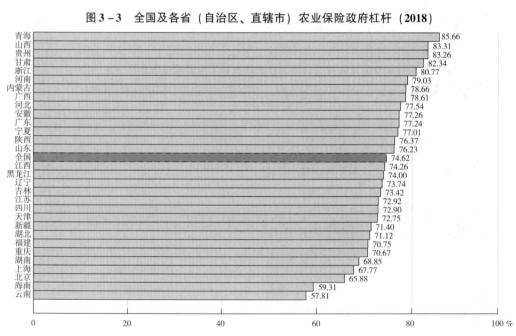

图 3-4　全国及各省（自治区、直辖市）农业保险保费补贴比例（2018）

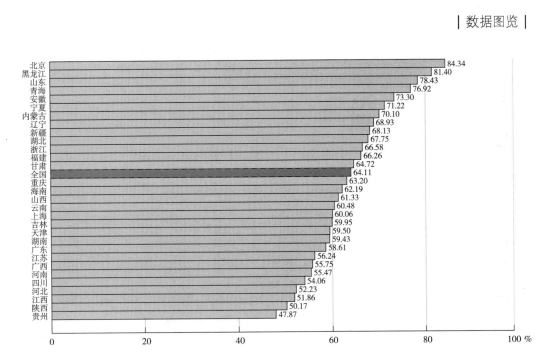

图 3-5 过去十年全国及各省(自治区、直辖市)农业保险简单赔付率(加权平均)

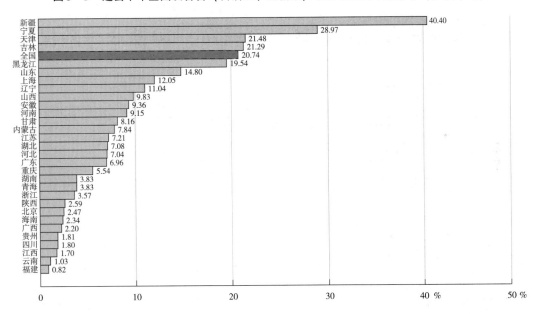

图 3-6 过去十年全国及各省(自治区、直辖市)农业保险平均受益率(加权平均)

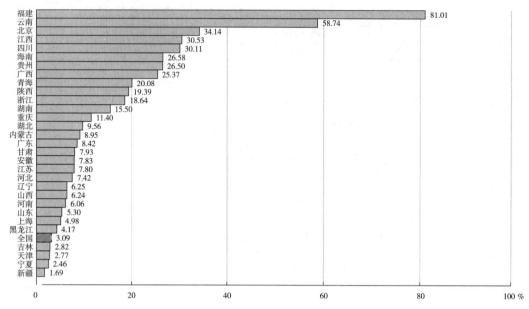

图 3-7 过去十年全国及各省（自治区、直辖市）农业保险受益户单位保费受益额（加权平均）

2. 全国及各省（自治区、直辖市）种植业保险保障

2.1 保障水平

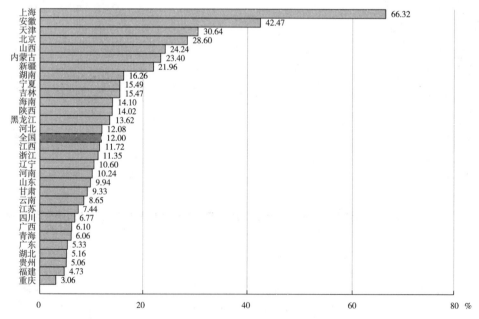

图 3-8 全国及各省（自治区、直辖市）种植业保险保障水平（2018）

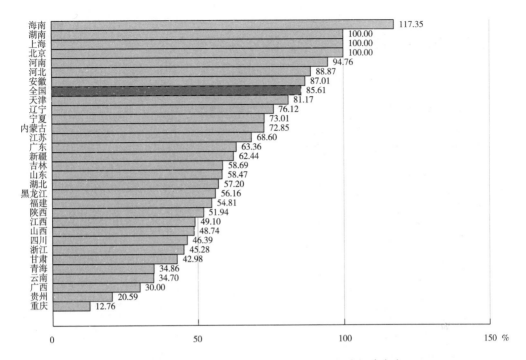

图 3-9　全国及各省（自治区、直辖市）种植业保险保障广度（2018）

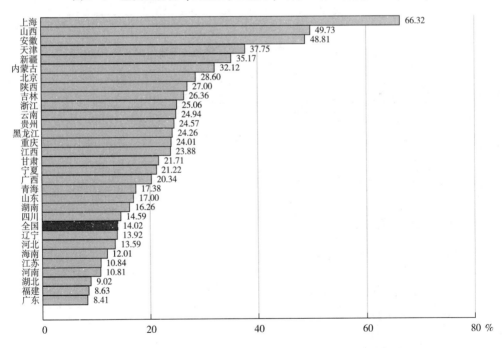

图 3-10　全国及各省（自治区、直辖市）种植业保险保障深度（2018）

2.2 保障杠杆

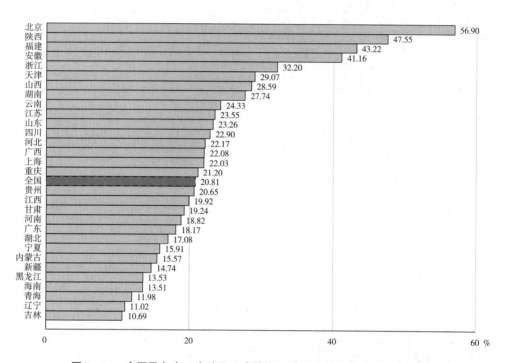

图3-11 全国及各省（自治区、直辖市）种植业保险保障杠杆（2018）

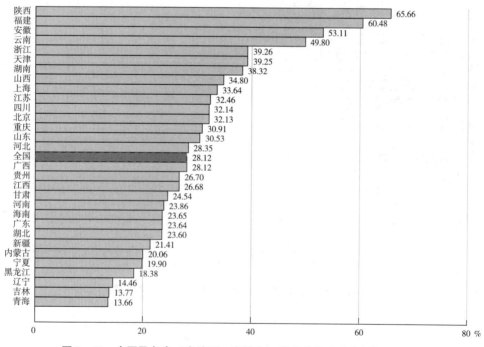

图3-12 全国及各省（自治区、直辖市）种植业保险政府杠杆（2018）

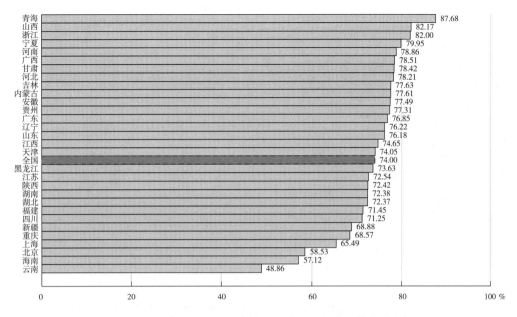

图 3 - 13　全国及各省（自治区、直辖市）种植业保险保费补贴比例（2018）

2.3　保障赔付

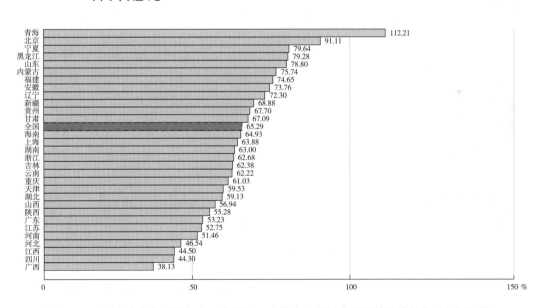

图 3 - 14　过去十年全国及各省（自治区、直辖市）种植业保险简单赔付率（加权平均）

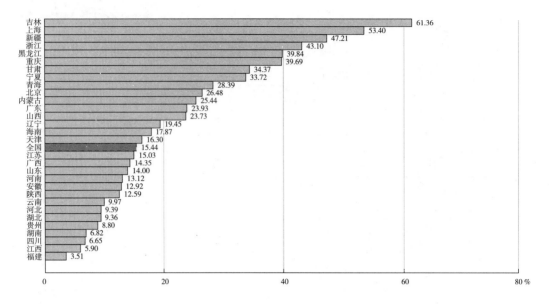

图 3 – 15　过去十年全国及各省（自治区、直辖市）种植业保险平均受益率（加权平均）

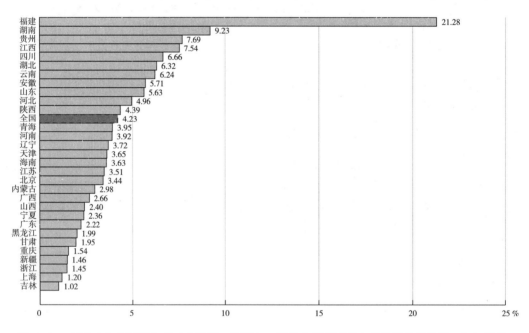

图 3 – 16　过去十年全国及各省（自治区、直辖市）种植业保险受益户单位保费受益额（加权平均）

3. 全国及各省（自治区、直辖市）畜牧业保险保障

3.1 保障水平

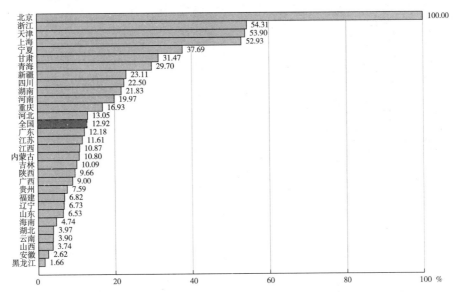

图3-17 全国及各省（自治区、直辖市）畜牧业保险保障水平（2018）

3.2 保障杠杆

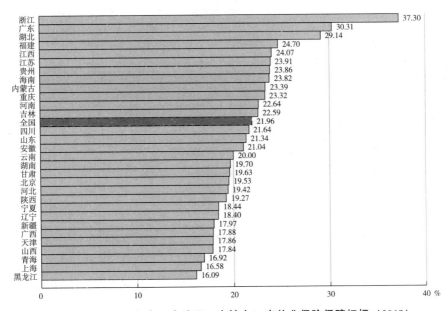

图3-18 全国及各省（自治区、直辖市）畜牧业保险保障杠杆（2018）

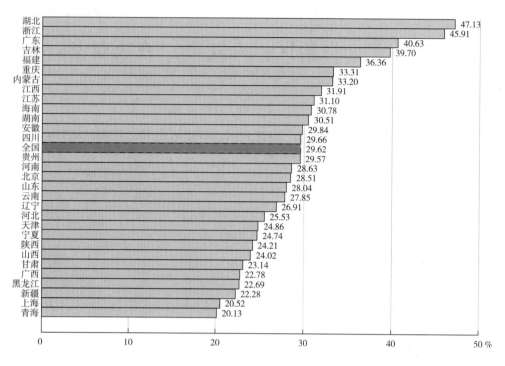

图 3-19　全国及各省（自治区、直辖市）畜牧业保险政府杠杆（2018）

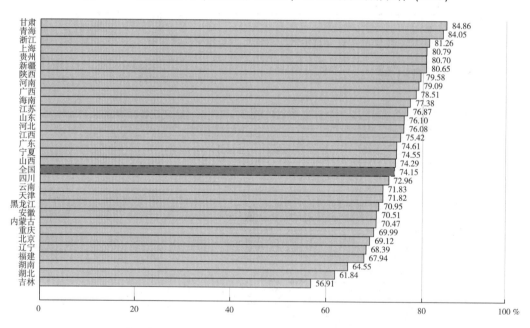

图 3-20　全国及各省（自治区、直辖市）畜牧业保险保费补贴比例（2018）

3.3 保障赔付

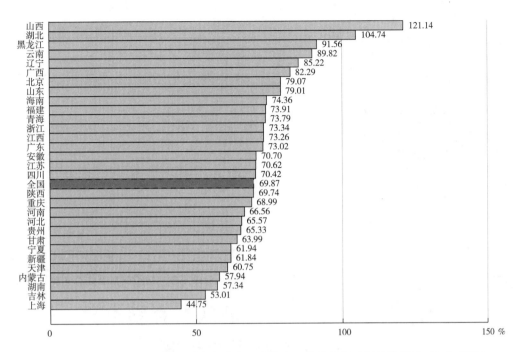

图 3-21 过去十年全国及各省(自治区、直辖市)畜牧业保险简单赔付率(加权平均)

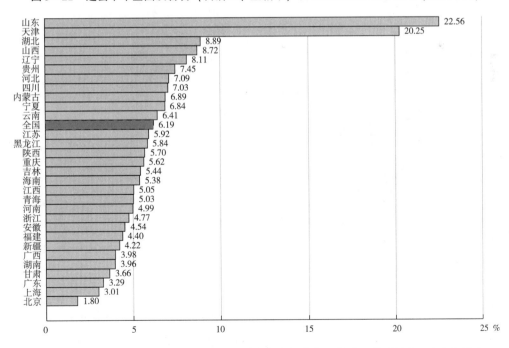

图 3-22 过去十年全国及各省(自治区、直辖市)畜牧业保险平均受益率(加权平均)

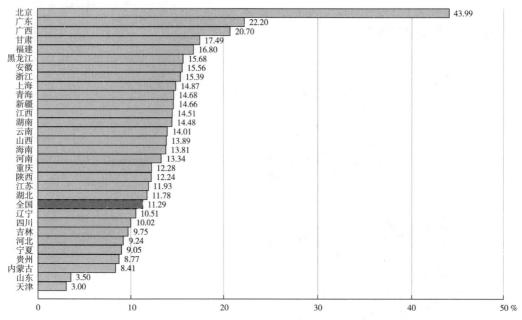

图 3-23 过去十年全国及各省（自治区、直辖市）畜牧业保险受益户单位保费受益额（加权平均）

4. 全国及各省（自治区、直辖市）重点农产品保险保障

4.1 粮食作物

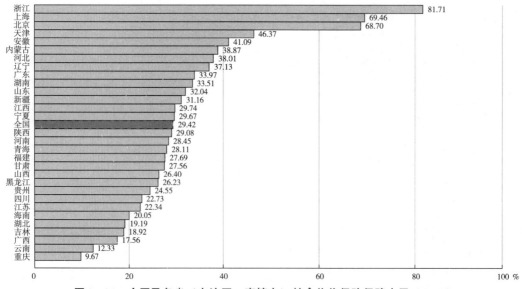

图 3-24 全国及各省（自治区、直辖市）粮食作物保险保障水平（2018）

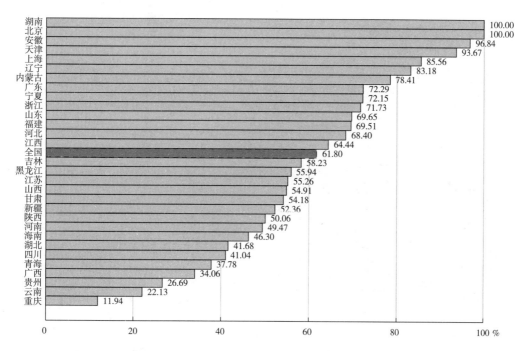

图 3 - 25　全国及各省（自治区、直辖市）粮食作物保险保障广度（2018）

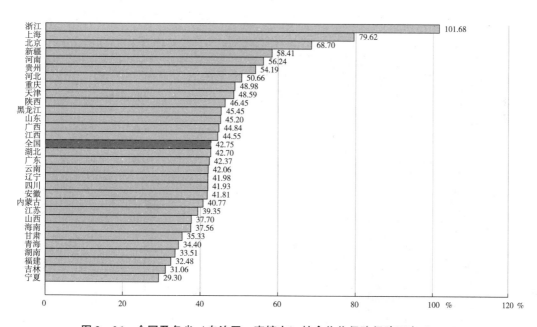

图 3 - 26　全国及各省（自治区、直辖市）粮食作物保险保障深度（2018）

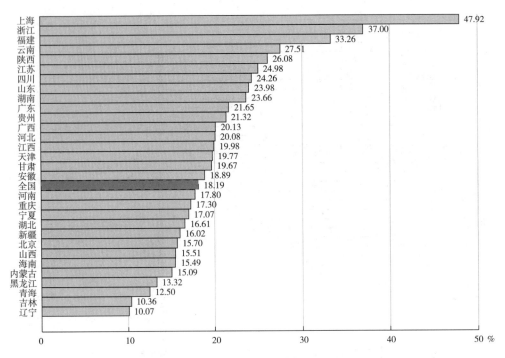

图 3 – 27　全国及各省（自治区、直辖市）粮食作物保险保障杠杆（2018）

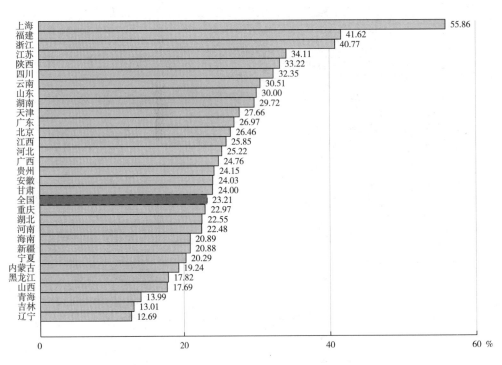

图 3 – 28　全国及各省（自治区、直辖市）粮食作物保险政府杠杆（2018）

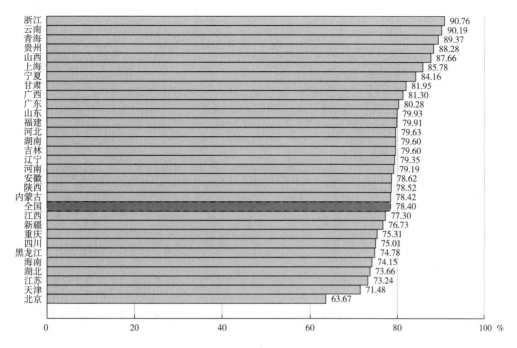

图 3-29 全国及各省（自治区、直辖市）粮食作物保险保费补贴比例（2018）

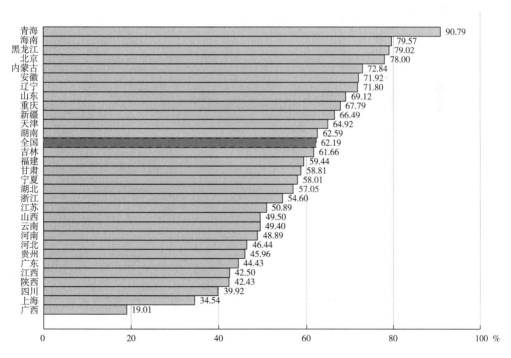

图 3-30 过去十年全国及各省（自治区、直辖市）粮食作物保险简单赔付率（加权平均）

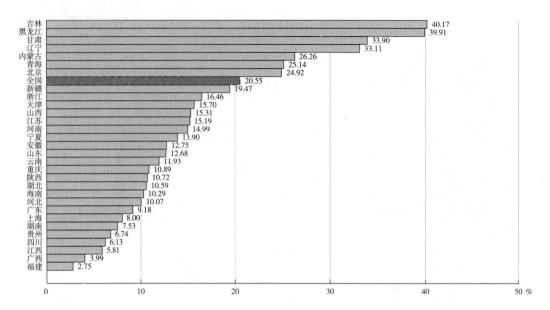

图3-31 过去十年全国及各省（自治区、直辖市）粮食作物保险平均受益率（加权平均）

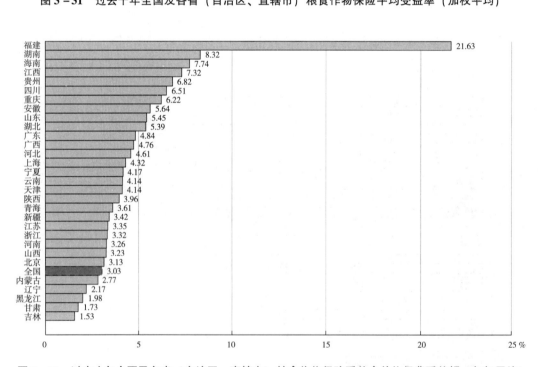

图3-32 过去十年全国及各省（自治区、直辖市）粮食作物保险受益户单位保费受益额（加权平均）

4.2 糖料作物

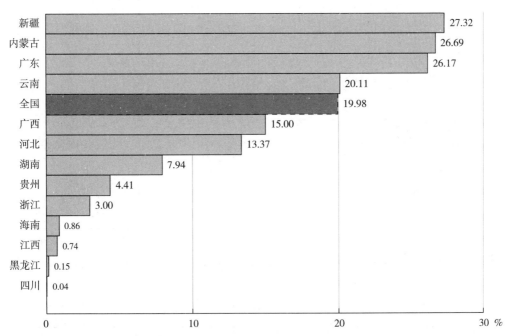

图3-33 全国及各省(自治区、直辖市)糖料作物保险保障水平(2018)

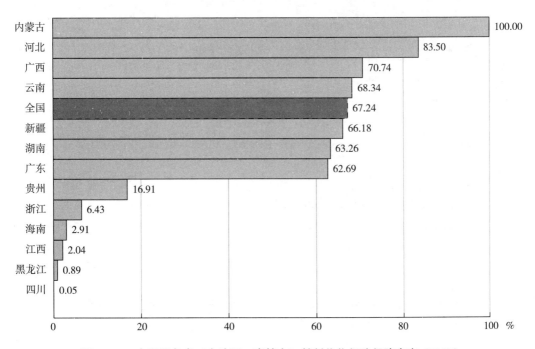

图3-34 全国及各省(自治区、直辖市)糖料作物保险保障广度(2018)

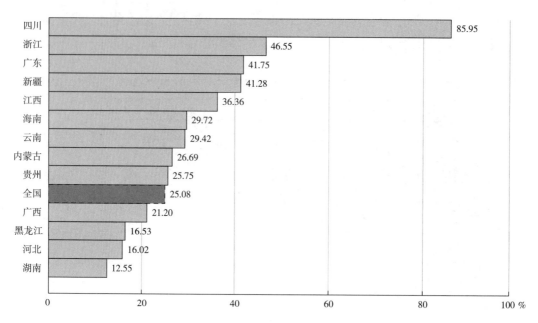

图 3 – 35　全国及各省（自治区、直辖市）糖料作物保险保障深度（2018）

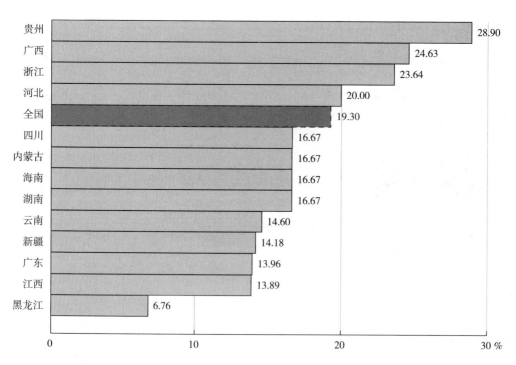

图 3 – 36　全国及各省（自治区、直辖市）糖料作物保险保障杠杆（2018）

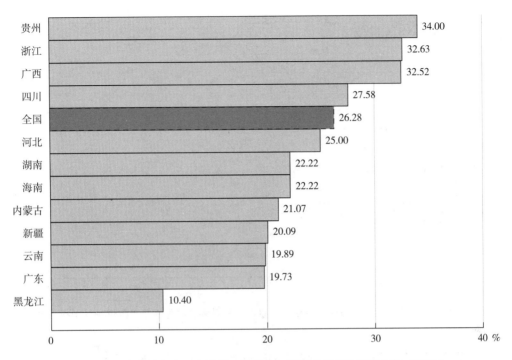

图 3 - 37 全国及各省（自治区、直辖市）糖料作物保险政府杠杆（2018）

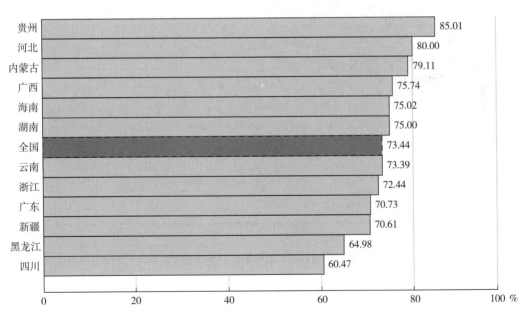

图 3 - 38 全国及各省（自治区、直辖市）糖料作物保险保费补贴比例（2018）

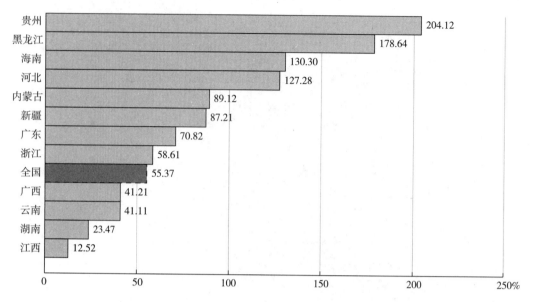

图 3 - 39 过去十年全国及各省（自治区、直辖市）糖料作物保险简单赔付率（加权平均）

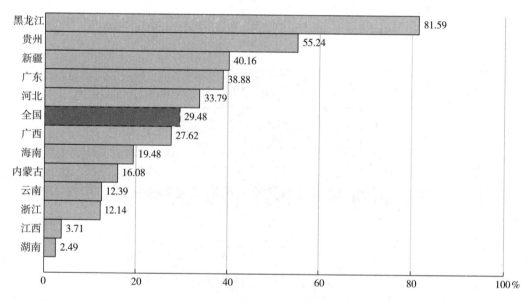

图 3 - 40 过去十年全国及各省（自治区、直辖市）糖料作物保险平均受益率（加权平均）

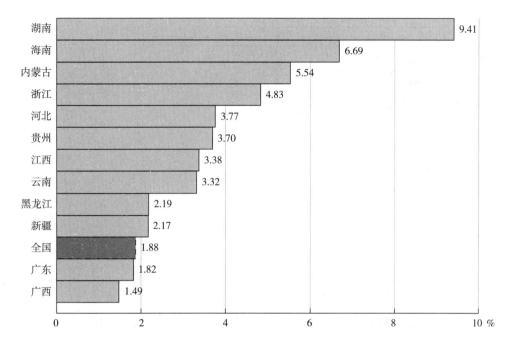

图 3-41　过去十年全国及各省（自治区、直辖市）糖料作物保险受益户单位保费受益额（加权平均）

4.3　油料作物

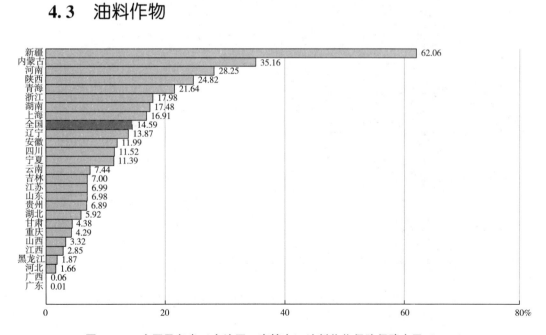

图 3-42　全国及各省（自治区、直辖市）油料作物保险保障水平（2018）

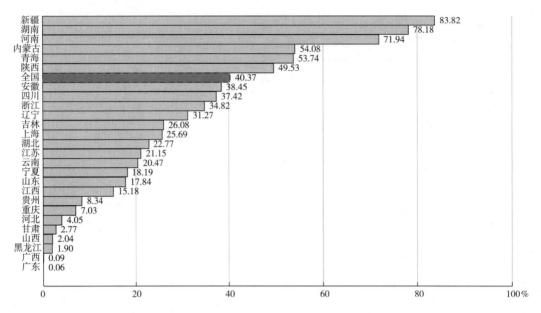

图 3–43　全国及各省（自治区、直辖市）油料作物保险保障广度（2018）

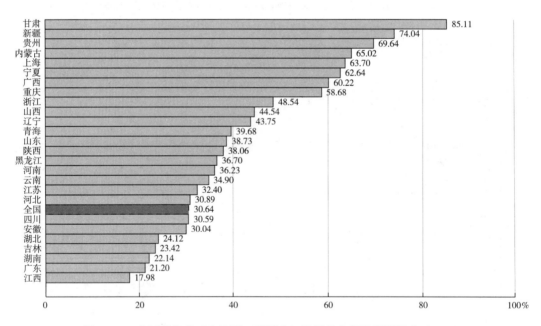

图 3–44　全国及各省（自治区、直辖市）油料作物保险保障深度（2018）

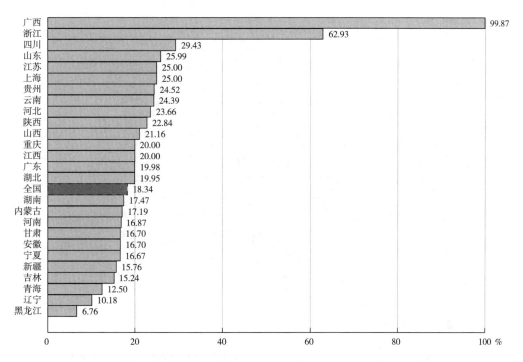

图 3 – 45　全国及各省（自治区、直辖市）油料作物保险保障杠杆（2018）

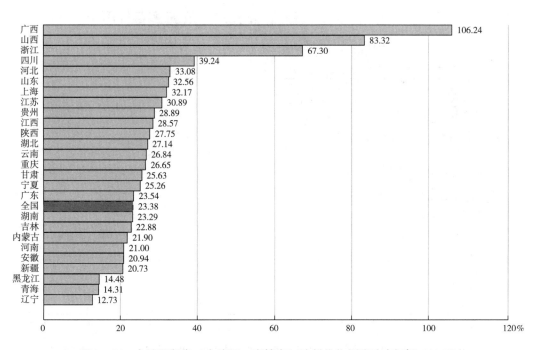

图 3 – 46　全国及各省（自治区、直辖市）油料作物保险政府杠杆（2018）

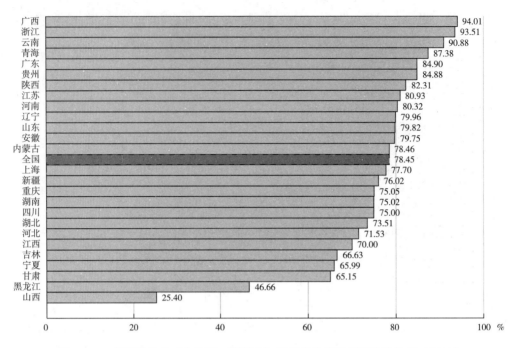

图 3-47　全国及各省（自治区、直辖市）油料作物保险保费补贴比例（2018）

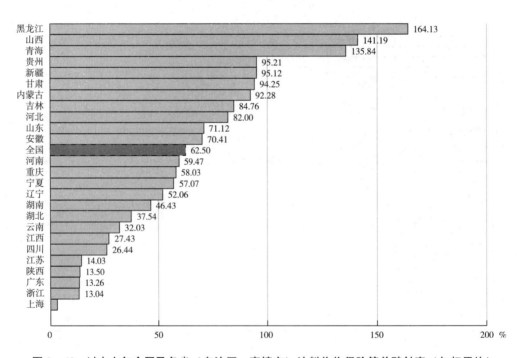

图 3-48　过去十年全国及各省（自治区、直辖市）油料作物保险简单赔付率（加权平均）

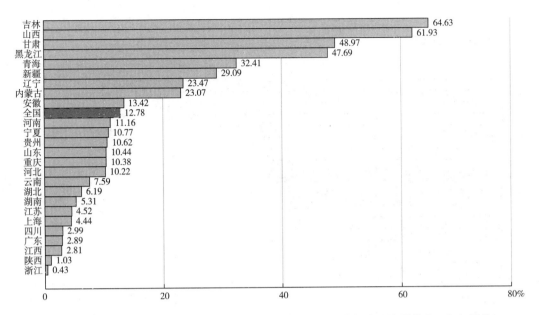

图 3 – 49　过去十年全国及各省（自治区、直辖市）油料作物保险平均受益率（加权平均）

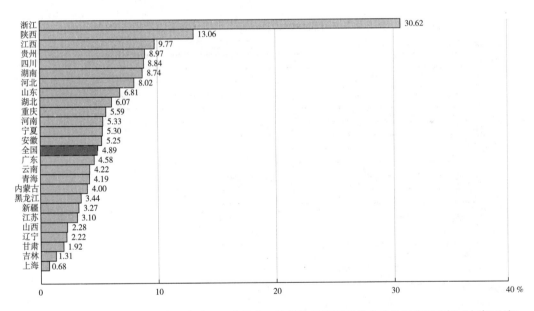

图 3 – 50　过去十年全国及各省（自治区、直辖市）油料作物保险受益户单位保费受益额（加权平均）

4.4 小麦

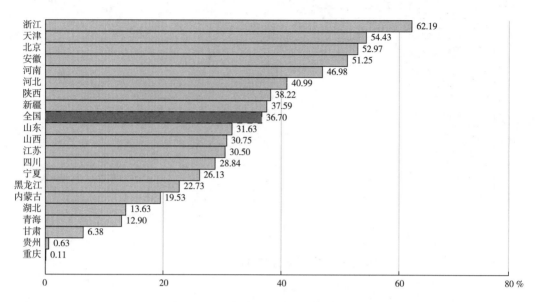

图 3 – 51 全国及各省（自治区、直辖市）小麦保险保障水平（2018）

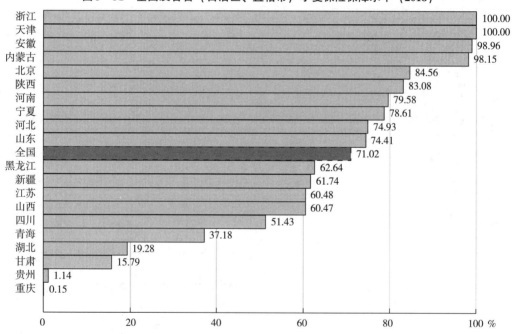

图 3 – 52 全国及各省（自治区、直辖市）小麦保险保障广度（2018）

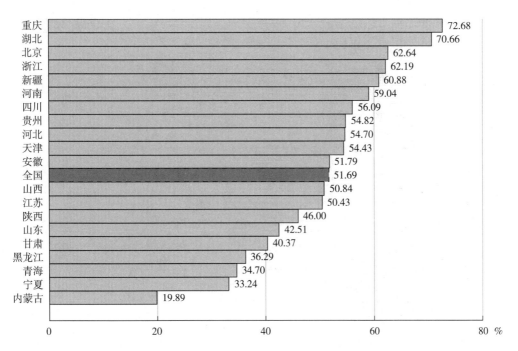

图 3-53　全国及各省（自治区、直辖市）小麦保险保障深度（2018）

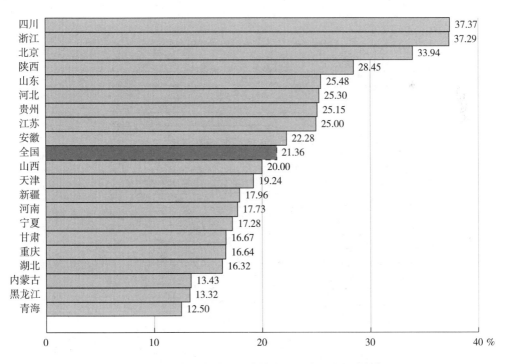

图 3-54　全国及各省（自治区、直辖市）小麦保险保障杠杆（2018）

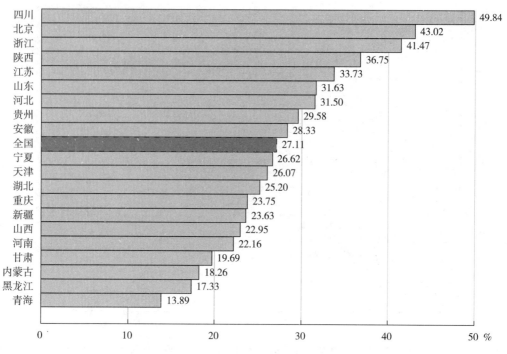

图 3-55　全国及各省（自治区、直辖市）小麦保险政府杠杆（2018）

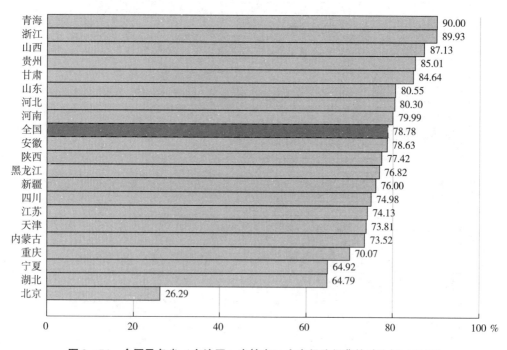

图 3-56　全国及各省（自治区、直辖市）小麦保险保费补贴比例（2018）

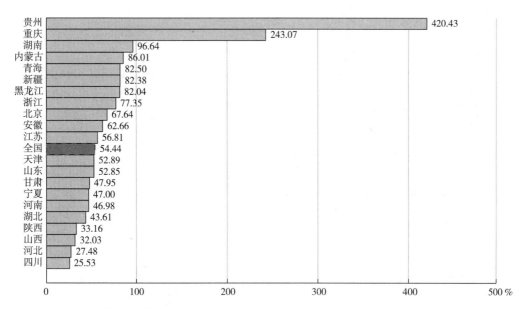

图 3-57　过去十年全国及各省（自治区、直辖市）小麦保险简单赔付率（加权平均）①

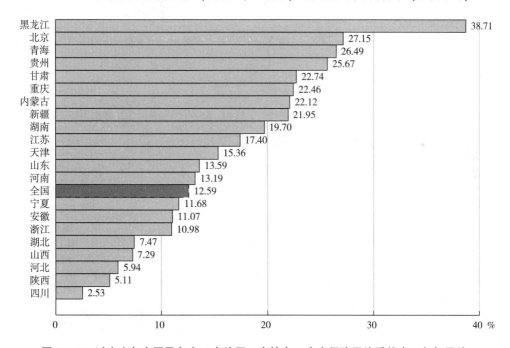

图 3-58　过去十年全国及各省（自治区、直辖市）小麦保险平均受益率（加权平均）

① 贵州小麦保险只有 4 年数据，其中三年赔付率都超过了 100%，2018 年高达 568.69%。

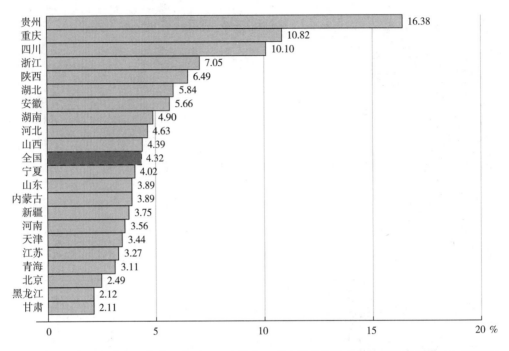

图 3－59　过去十年全国及各省（自治区、直辖市）小麦保险受益户单位保费受益额（加权平均）

4.5　水稻

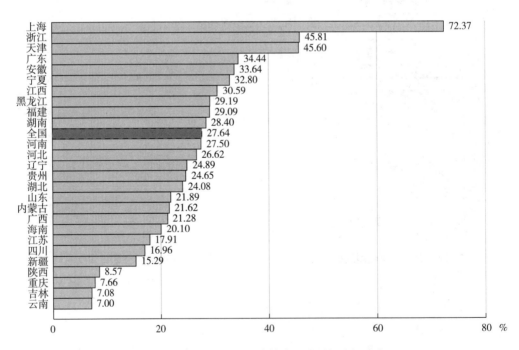

图 3－60　全国及各省（自治区、直辖市）水稻保险保障水平（2018）

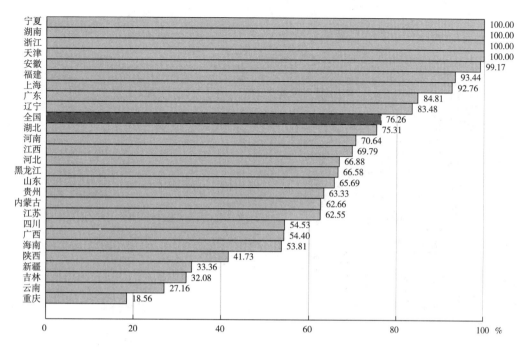

图 3 - 61　全国及各省（自治区、直辖市）水稻保险保障广度（2018）

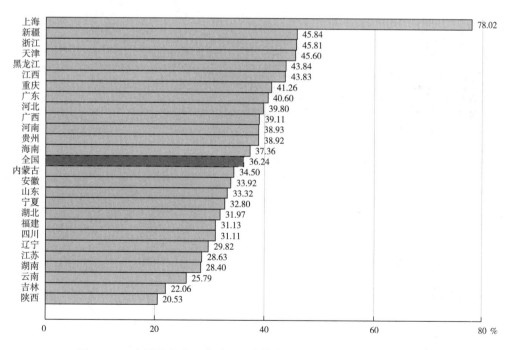

图 3 - 62　全国及各省（自治区、直辖市）水稻保险保障深度（2018）

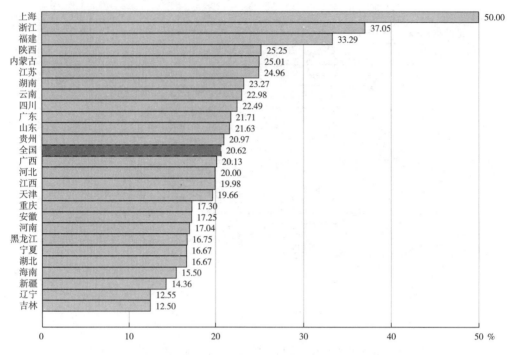

图 3-63 全国及各省（自治区、直辖市）水稻保险保障杠杆（2018）

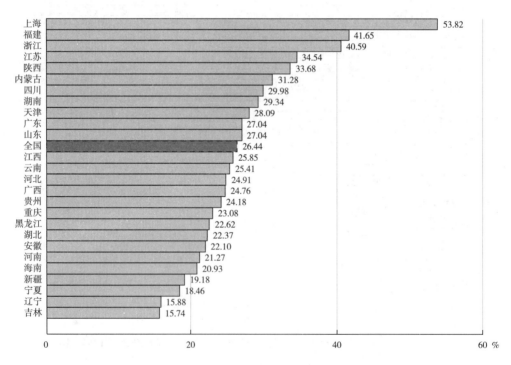

图 3-64 全国及各省（自治区、直辖市）水稻保险政府杠杆（2018）

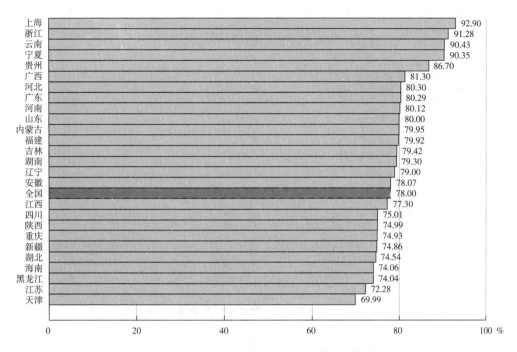

图 3 – 65 全国及各省（自治区、直辖市）水稻保险保费补贴比例（2018）

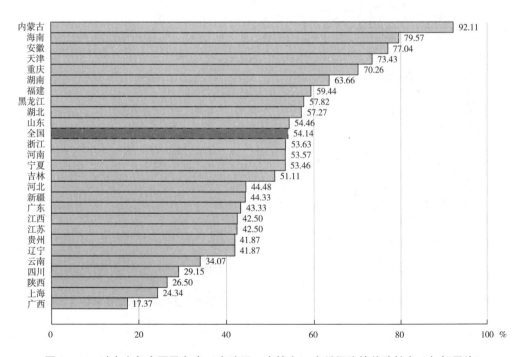

图 3 – 66 过去十年全国及各省（自治区、直辖市）水稻保险简单赔付率（加权平均）

179

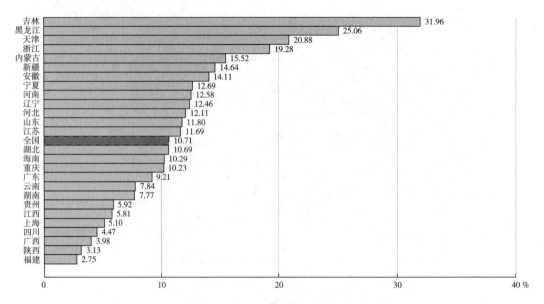

图 3-67　过去十年全国及各省（自治区、直辖市）水稻保险平均受益率（加权平均）

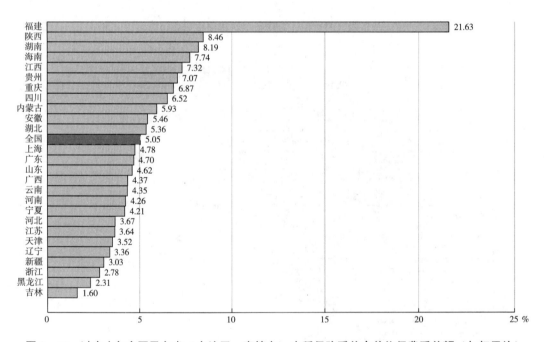

图 3-68　过去十年全国及各省（自治区、直辖市）水稻保险受益户单位保费受益额（加权平均）

4.6 玉米

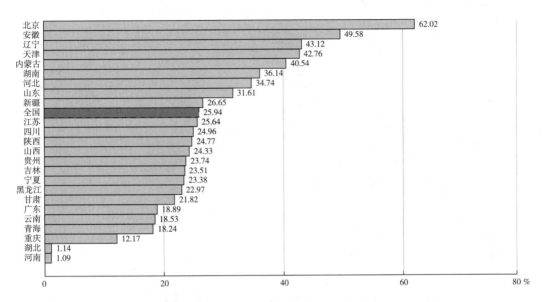

图 3-69 全国及各省（自治区、直辖市）玉米保险保障水平（2018）

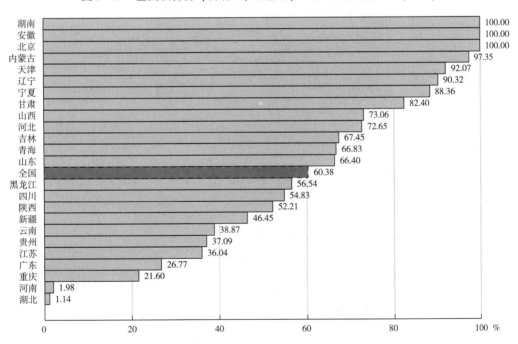

图 3-70 全国及各省（自治区、直辖市）玉米保险保障广度（2018）

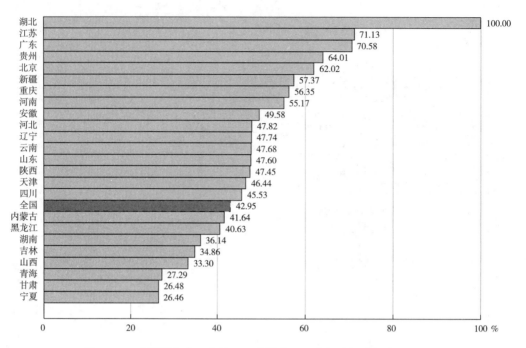

图 3-71　全国及各省（自治区、直辖市）玉米保险保障深度（2018）

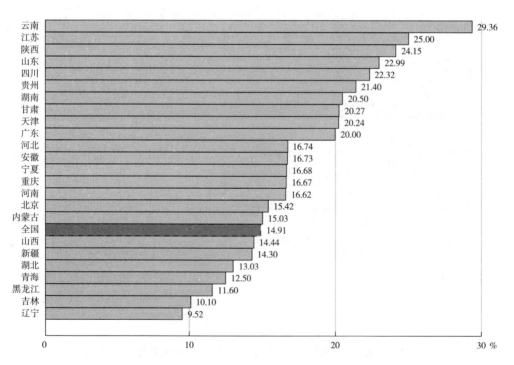

图 3-72　全国及各省（自治区、直辖市）玉米保险保障杠杆（2018）

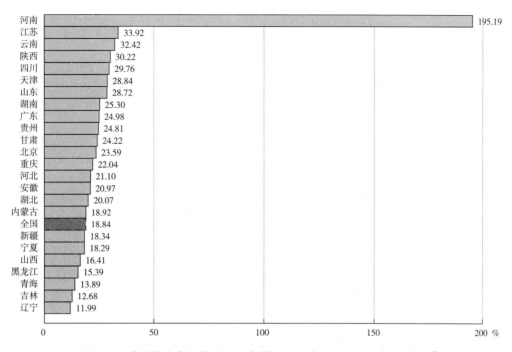

图 3-73 全国及各省（自治区、直辖市）玉米保险政府杠杆（2018）①

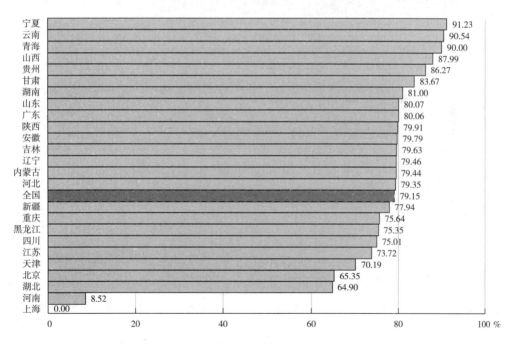

图 3-74 全国及各省（自治区、直辖市）玉米保险保费补贴比例（2018）

① 河南玉米保险政府杠杆远高于其他省份的原因是 2018 年河南省取消了对政策性玉米保险的补贴。

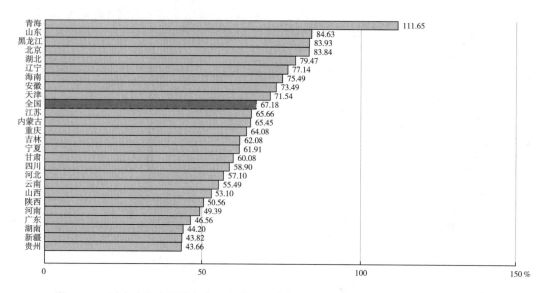

图 3 – 75 过去十年全国及各省（自治区、直辖市）玉米保险简单赔付率（加权平均）

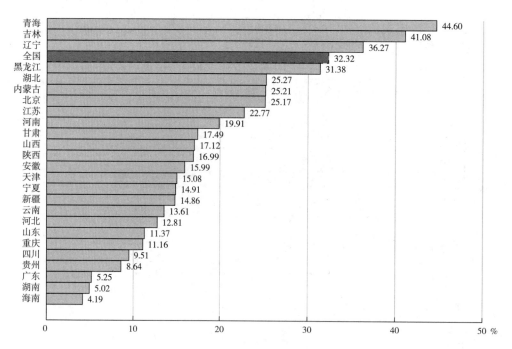

图 3 – 76 过去十年全国及各省（自治区、直辖市）玉米保险平均受益率（加权平均）

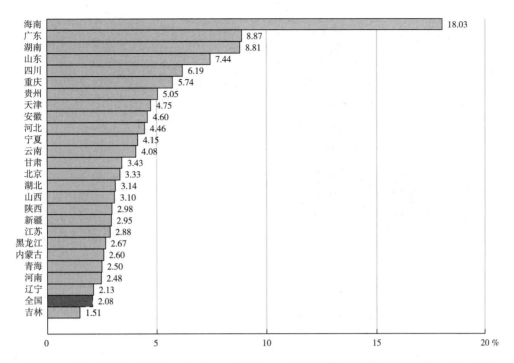

图 3-77 过去十年全国及各省（自治区、直辖市）玉米保险受益户单位保费受益额（加权平均）

4.7 大豆

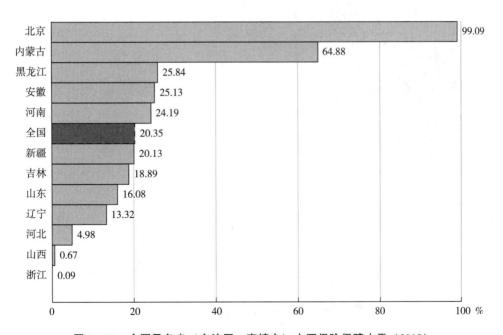

图 3-78 全国及各省（自治区、直辖市）大豆保险保障水平（2018）

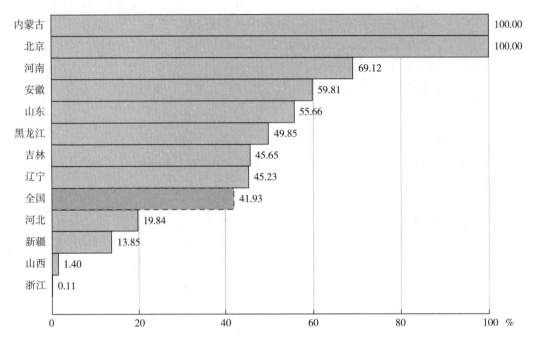

图 3–79 全国及各省（自治区、直辖市）大豆保险保障广度（2018）

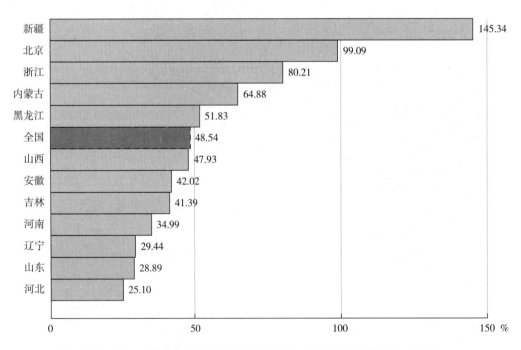

图 3–80 全国及各省（自治区、直辖市）大豆保险保障深度（2018）

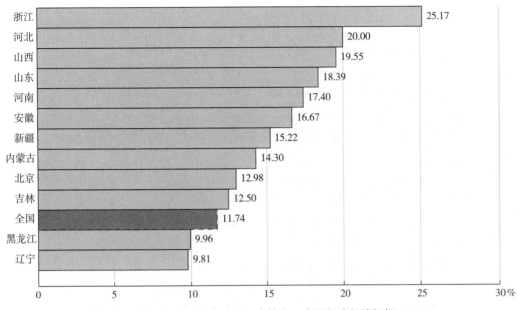

图 3-81 全国及各省（自治区、直辖市）大豆保险保障杠杆（2018）

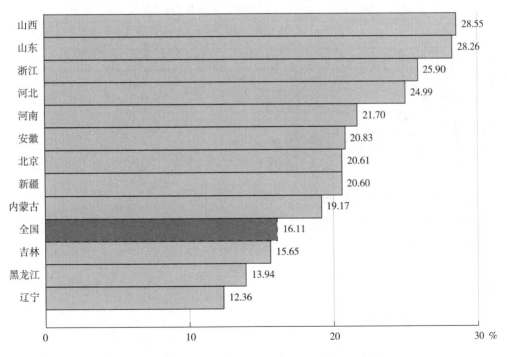

图 3-82 全国及各省（自治区、直辖市）大豆保险政府杠杆（2018）

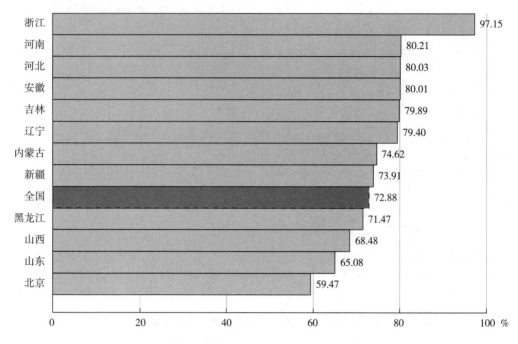

图 3-83　全国及各省（自治区、直辖市）大豆保险保费补贴比例（2018）

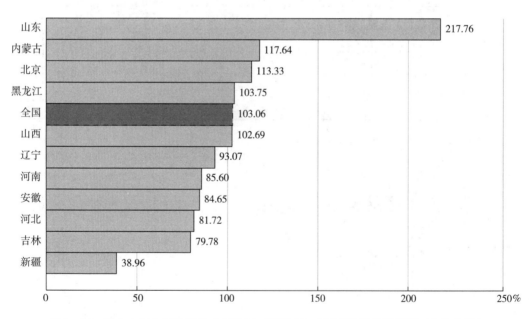

图 3-84　过去十年全国及各省（自治区、直辖市）大豆保险简单赔付率（加权平均）

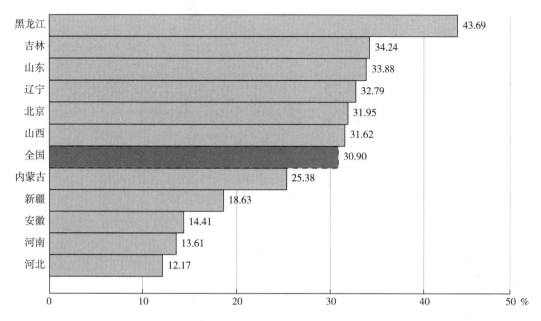

图3-85 过去十年全国及各省（自治区、直辖市）大豆保险平均受益率（加权平均）

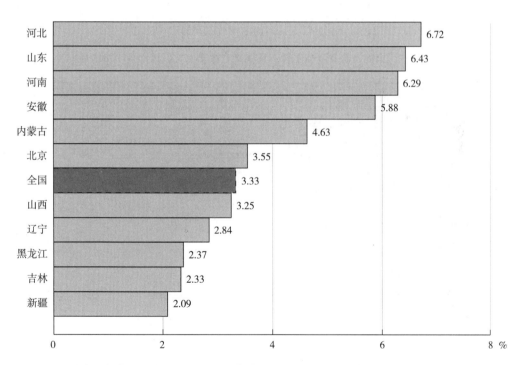

图3-86 过去十年全国及各省（自治区、直辖市）大豆保险受益户单位保费受益额（加权平均）

189

4.8 棉花

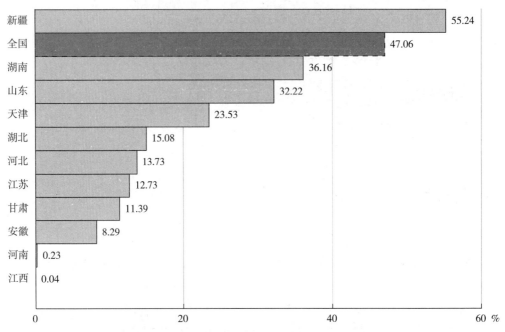

图 3-87　全国及各省（自治区、直辖市）棉花保险保障水平（2018）

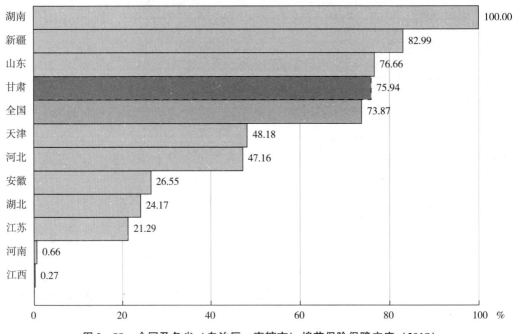

图 3-88　全国及各省（自治区、直辖市）棉花保险保障广度（2018）

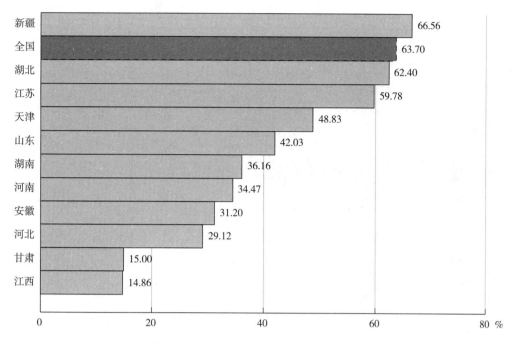

图3-89 全国及各省（自治区、直辖市）棉花保险保障深度（2018）

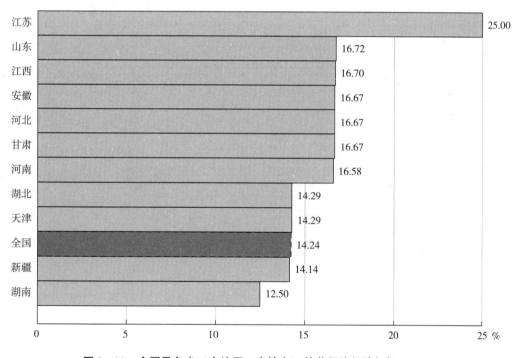

图3-90 全国及各省（自治区、直辖市）棉花保险保障杠杆（2018）

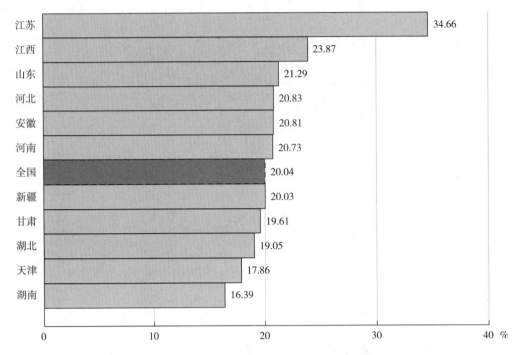

图 3 – 91 全国及各省（自治区、直辖市）棉花保险政府杠杆（2018）

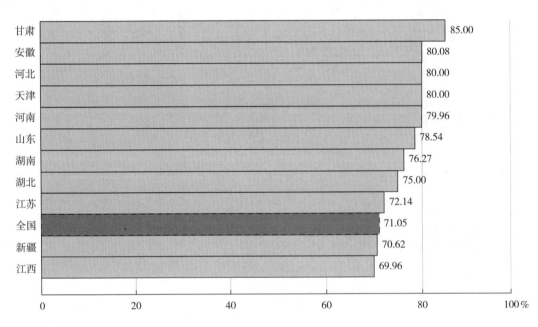

图 3 – 92 全国及各省（自治区、直辖市）棉花保险保费补贴比例（2018）

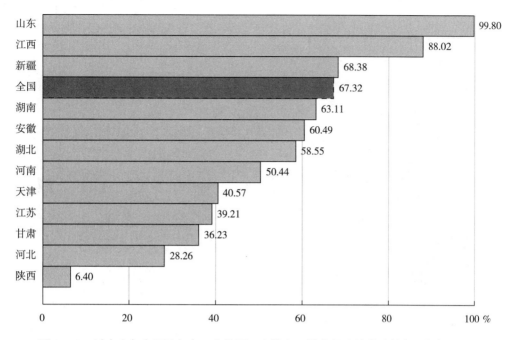

图 3 - 93 过去十年全国及各省（自治区、直辖市）棉花保险简单赔付率（加权平均）

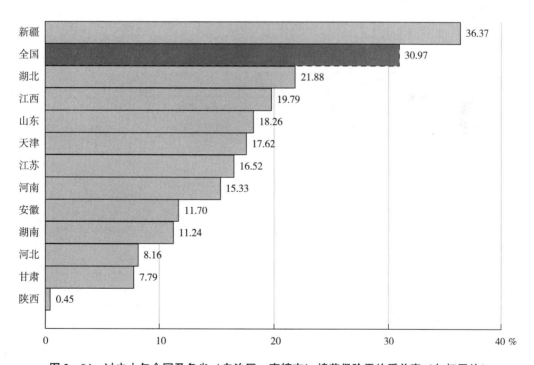

图 3 - 94 过去十年全国及各省（自治区、直辖市）棉花保险平均受益率（加权平均）

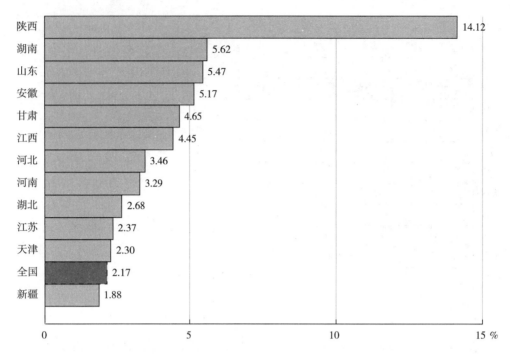

图 3 – 95　过去十年全国及各省（自治区、直辖市）棉花保险受益户单位保费受益额（加权平均）

4.9　油菜籽

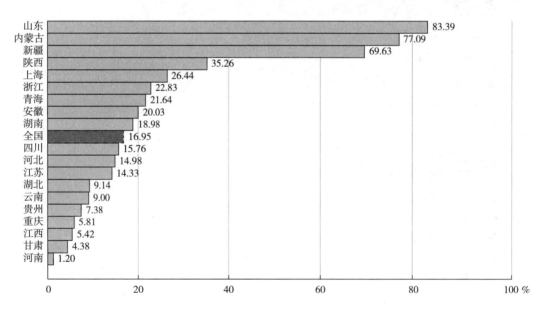

图 3 – 96　全国及各省（自治区、直辖市）油菜籽保险保障水平（2018）

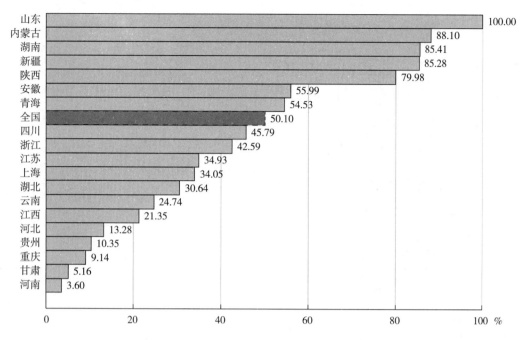

图 3 - 97　全国及各省（自治区、直辖市）油菜籽保险保障广度（2018）

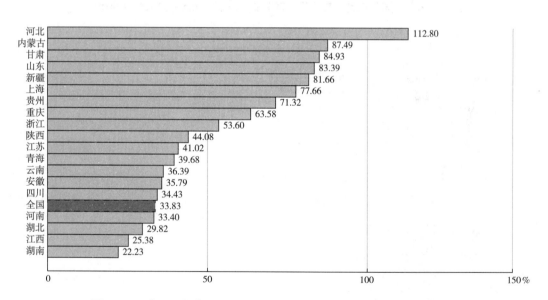

图 3 - 98　全国及各省（自治区、直辖市）油菜籽保险保障深度（2018）

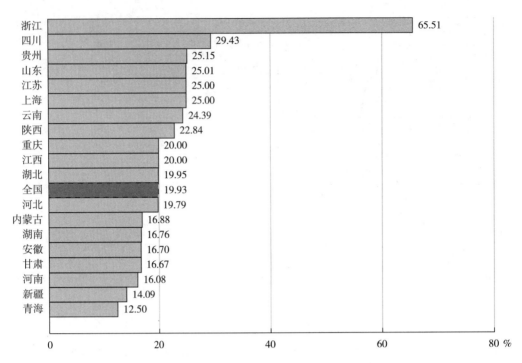

图 3 - 99 　全国及各省（自治区、直辖市）油菜籽保险保障杠杆（2018）

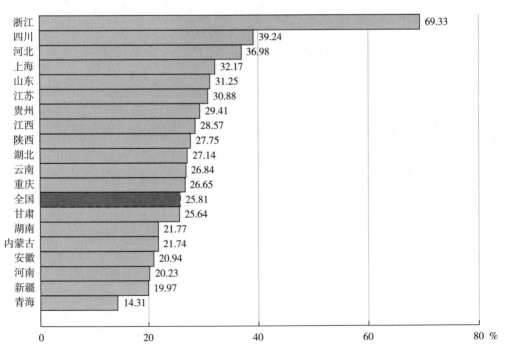

图 3 - 100 　全国及各省（自治区、直辖市）油菜籽保险政府杠杆（2018）

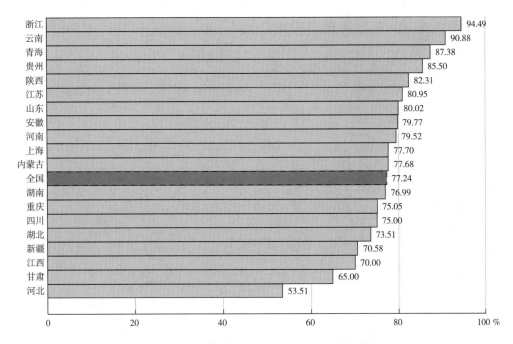

图 3–101　全国及各省（自治区、直辖市）油菜籽保险保费补贴比例（2018）

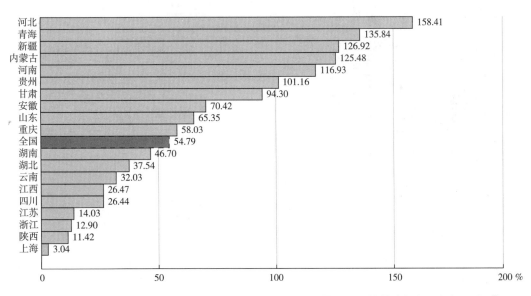

图 3–102　过去十年全国及各省（自治区、直辖市）油菜籽保险简单赔付率（加权平均）①

---

① 山东省油菜籽保险只有 2015—2018 年 4 年数据，每年简单赔付率都超过 300%。

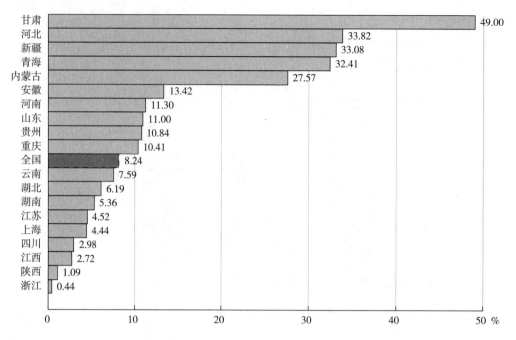

图3－103　过去十年全国及各省（自治区、直辖市）油菜籽保险平均受益率（加权平均）

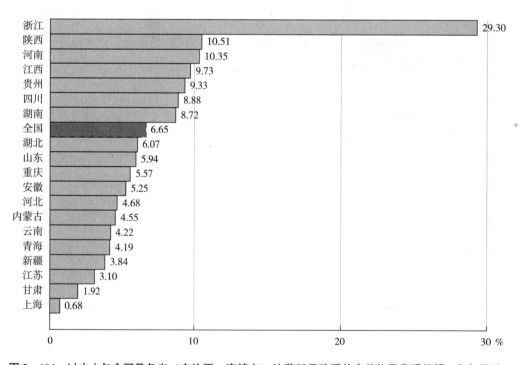

图3－104　过去十年全国及各省（自治区、直辖市）油菜籽保险受益户单位保费受益额（加权平均）

4.10 花生

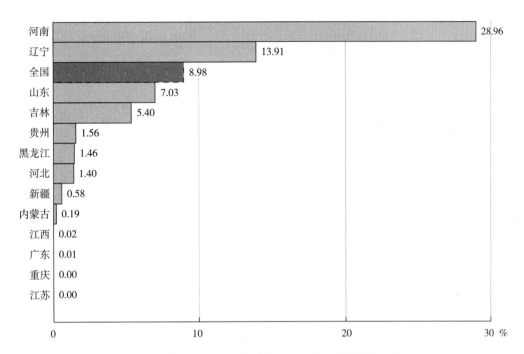

图3－105　全国及各省（自治区、直辖市）花生保险保障水平（2018）

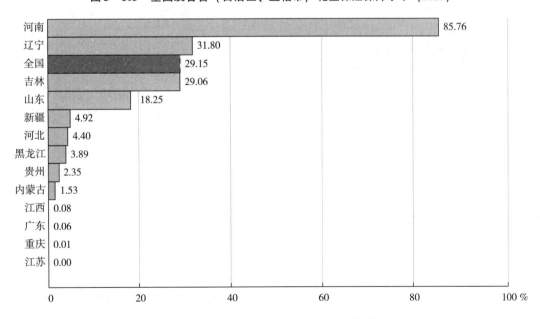

图3－106　全国及各省（自治区、直辖市）花生保险保障广度（2018）

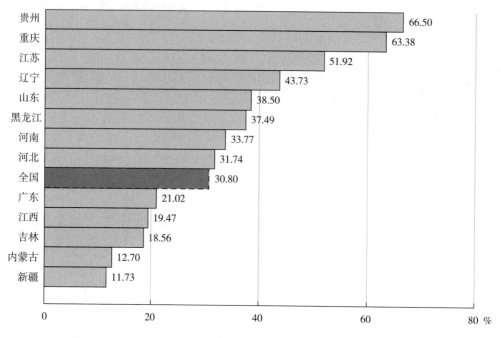

图 3-107　全国及各省（自治区、直辖市）花生保险保障深度（2018）

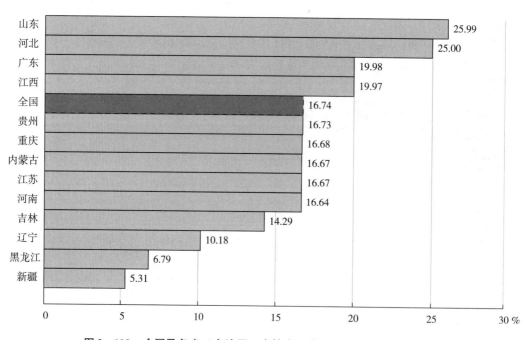

图 3-108　全国及各省（自治区、直辖市）花生保险保障杠杆（2018）

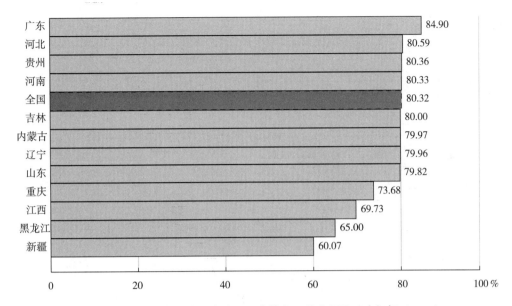

图 3 – 109　全国及各省（自治区、直辖市）花生保险政府杠杆（2018）

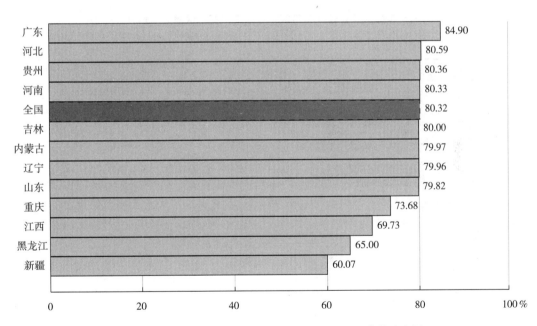

图 3 – 110　全国及各省（自治区、直辖市）花生保险保费补贴比例（2018）

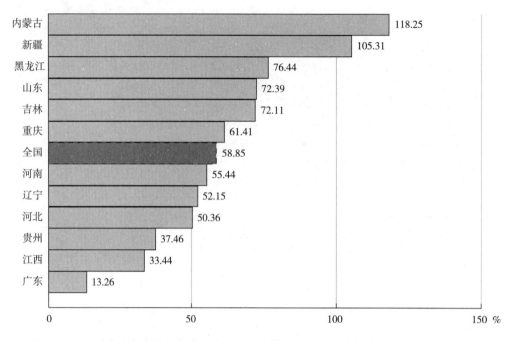

图3-111 过去十年全国及各省（自治区、直辖市）花生保险简单赔付率（加权平均）

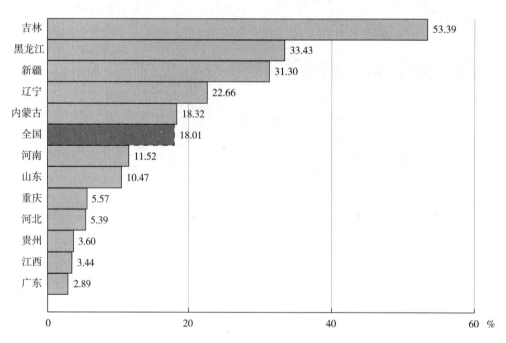

图3-112 过去十年全国及各省（自治区、直辖市）花生保险平均受益率（加权平均）

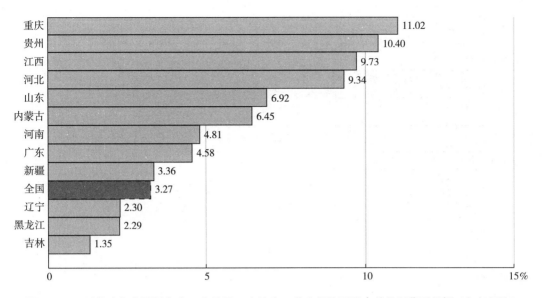

图 3－113　过去十年全国及各省（自治区、直辖市）花生保险受益户单位保费受益额（加权平均）

4.11　甘蔗

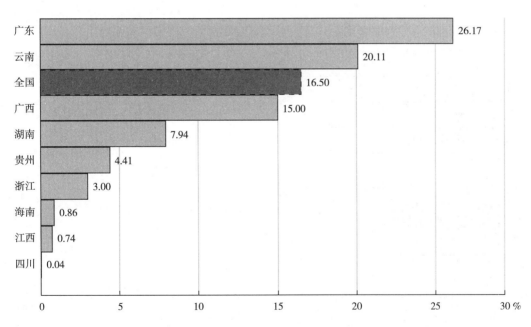

图 3－114　全国及各省（自治区、直辖市）甘蔗保险保障水平（2018）

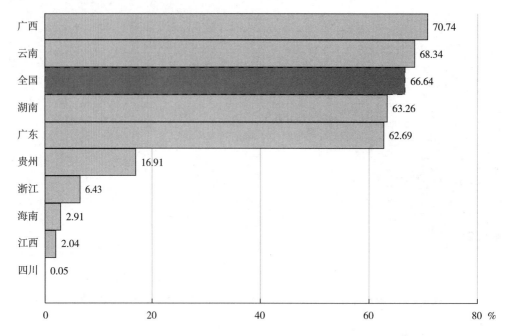

图 3 – 115　全国及各省（自治区、直辖市）甘蔗保险保障广度（2018）

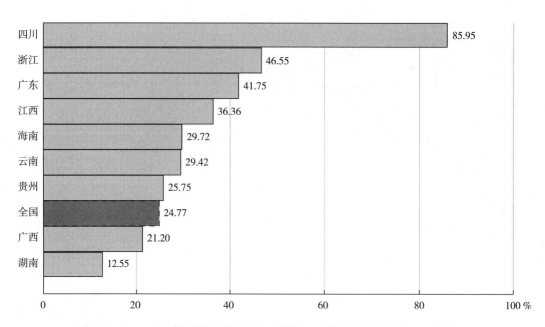

图 3 – 116　全国及各省（自治区、直辖市）甘蔗保险保障深度（2018）

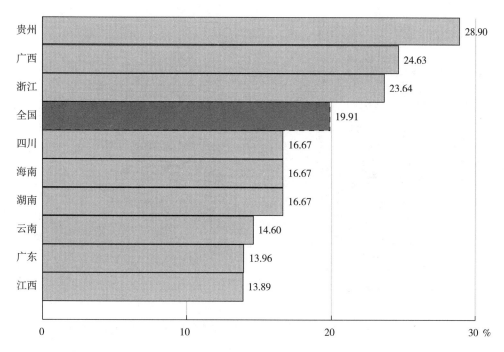

图 3 – 117　全国及各省（自治区、直辖市）甘蔗保险保障杠杆（2018）

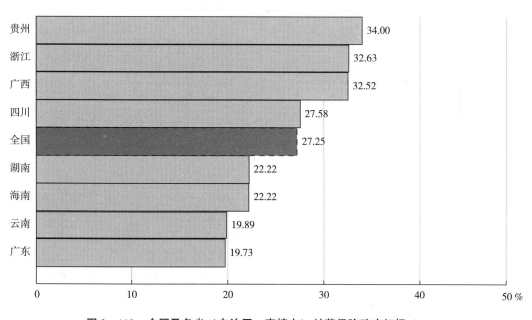

图 3 – 118　全国及各省（自治区、直辖市）甘蔗保险政府杠杆（2018）

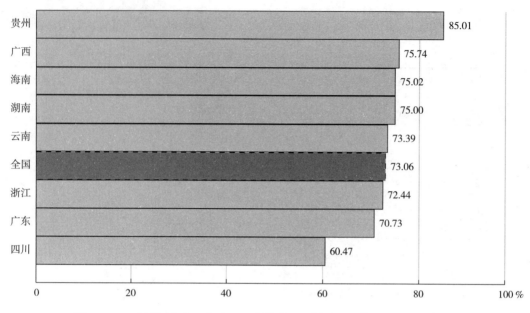

图 3 – 119　全国及各省（自治区、直辖市）甘蔗保险保费补贴比例（2018）

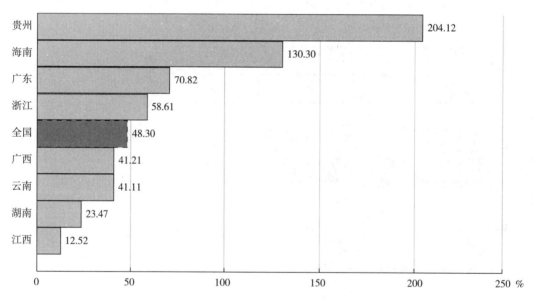

图 3 – 120　过去十年全国及各省（自治区、直辖市）甘蔗保险简单赔付率（加权平均）①

---

　　①　除云南和广西外，其余省份甘蔗保险数据年限均不足 10 年。

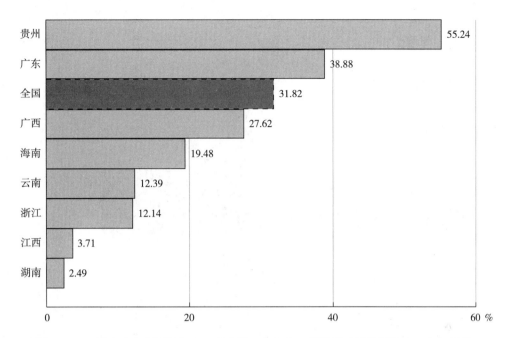

图 3 –121　过去十年全国及各省（自治区、直辖市）甘蔗保险平均受益率（加权平均）

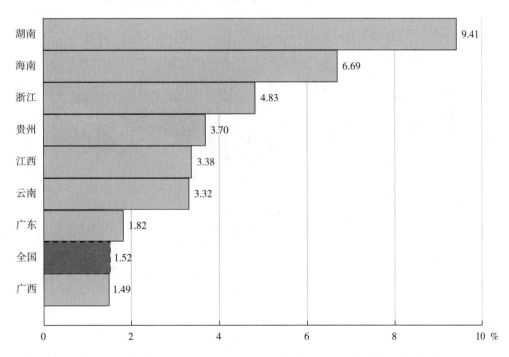

图 3 –122　过去十年全国及各省（自治区、直辖市）甘蔗保险受益户单位保费受益额（加权平均）

4.12　甜菜

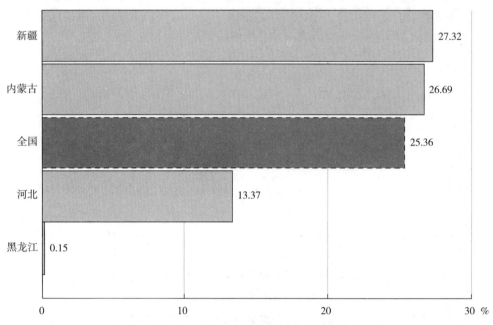

图3-123　全国及各省（自治区、直辖市）甜菜保险保障水平（2018）

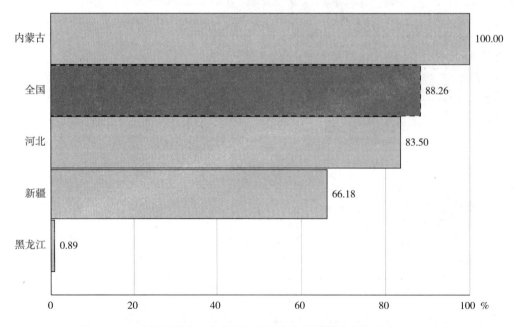

图3-124　全国及各省（自治区、直辖市）甜菜保险保障广度（2018）

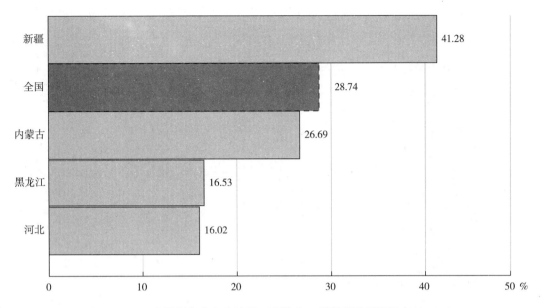

图 3 – 125　全国及各省（自治区、直辖市）甜菜保险保障深度（2018）

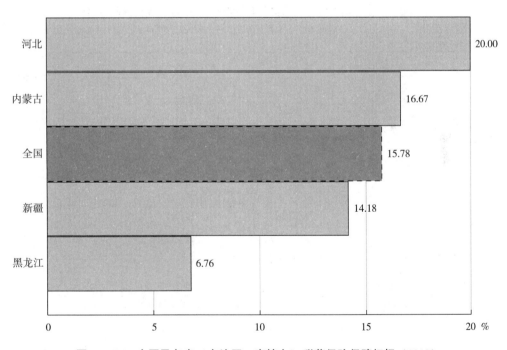

图 3 – 126　全国及各省（自治区、直辖市）甜菜保险保障杠杆（2018）

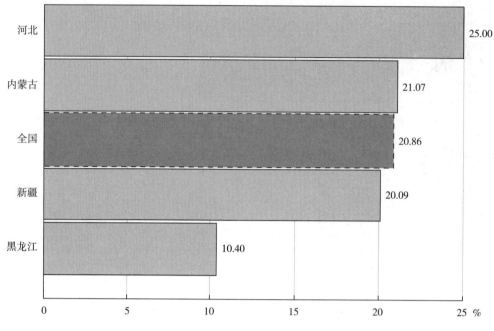

图 3-127　全国及各省（自治区、直辖市）甜菜保险政府杠杆（2018）

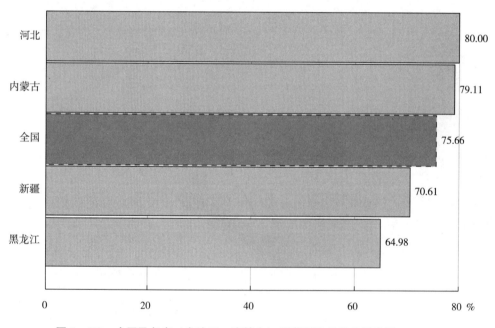

图 3-128　全国及各省（自治区、直辖市）甜菜保险保费补贴比例（2018）

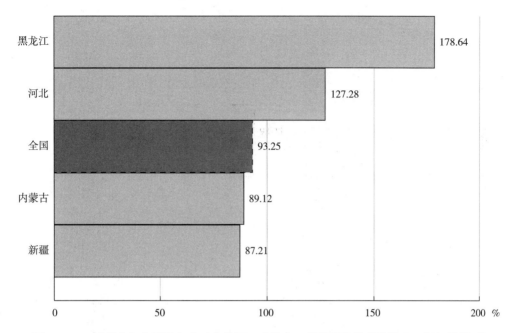

图 3 −129 过去十年全国及各省（自治区、直辖市）甜菜保险简单赔付率（加权平均)①

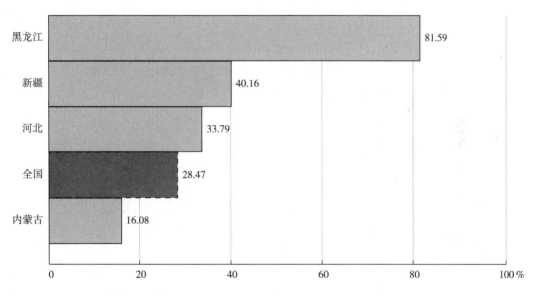

图 3 −130 过去十年全国及各省（自治区、直辖市）甜菜保险平均受益率（加权平均）

① 各省甜菜保险数据均不足 10 年，内蒙古和新疆为 2012—2018，河北为 2013—2018，黑龙江 2014—2017 年数据缺失。

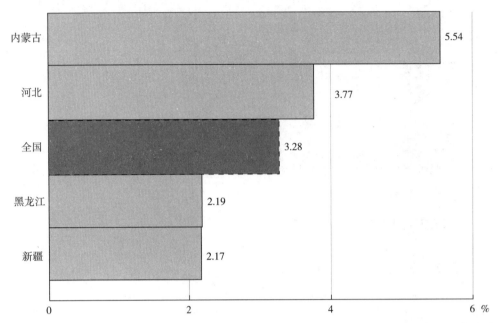

图 3 – 131　过去十年全国及各省（自治区、直辖市）甜菜保险受益户单位保费受益额（加权平均）

4.13　生猪

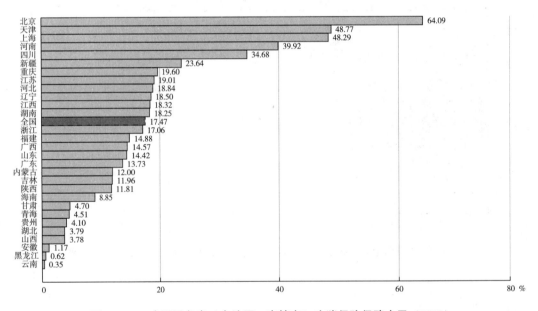

图 3 – 132　全国及各省（自治区、直辖市）生猪保险保障水平（2018）

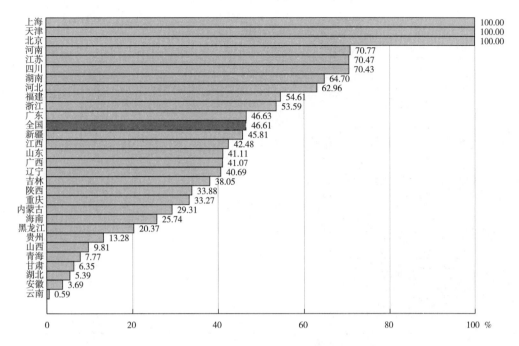

图 3－133　全国及各省（自治区、直辖市）生猪保险保障广度（2018）

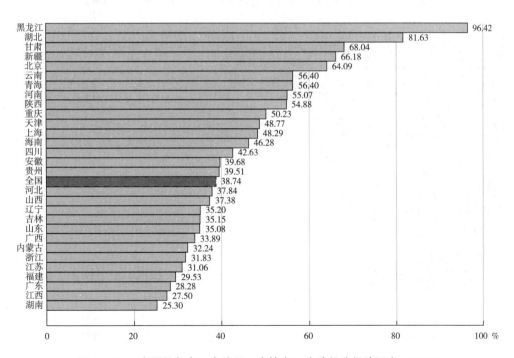

图 3－134　全国及各省（自治区、直辖市）生猪保险保障深度（2018）

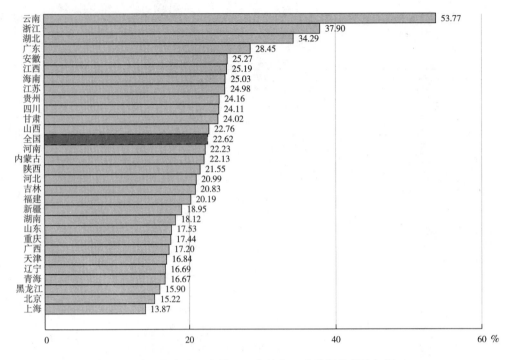

图 3-135　全国及各省（自治区、直辖市）生猪保险保障杠杆（2018）

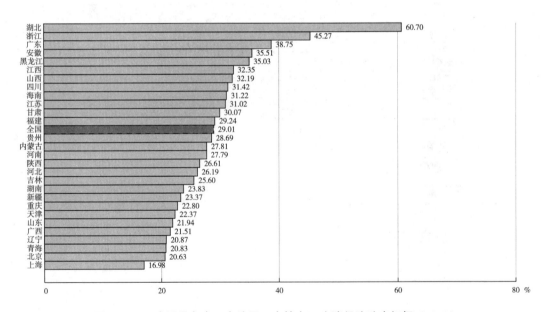

图 3-136　全国及各省（自治区、直辖市）生猪保险政府杠杆（2018）

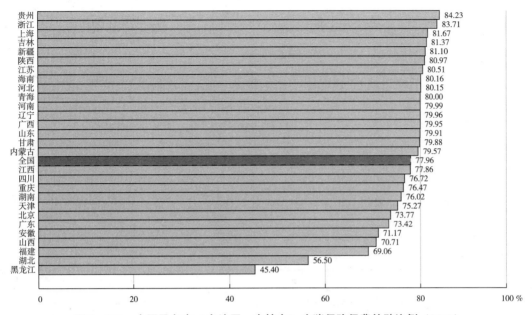

图 3 – 137　全国及各省（自治区、直辖市）生猪保险保费补贴比例（2018）

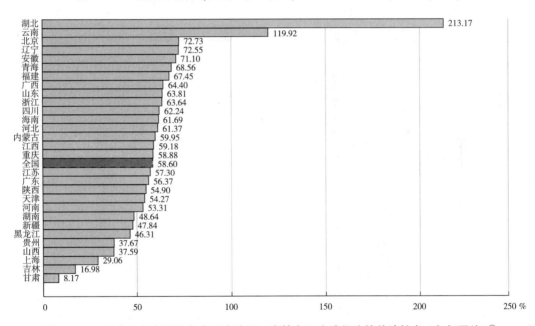

图 3 – 138　过去十年全国及各省（自治区、直辖市）生猪保险简单赔付率（加权平均）①

① 湖北生猪保险起始年限为 2012—2018，7 年中有 4 年简单赔付率超过 100%，其中 2018 年超过了 300%。

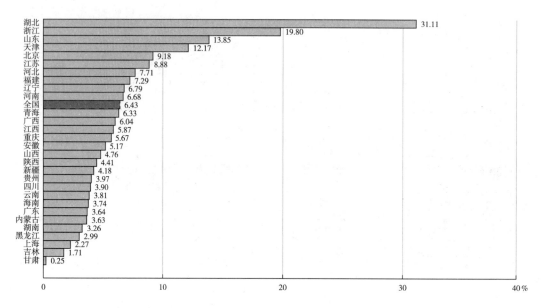

图 3 – 139 过去十年全国及各省（自治区、直辖市）生猪保险平均受益率（加权平均）

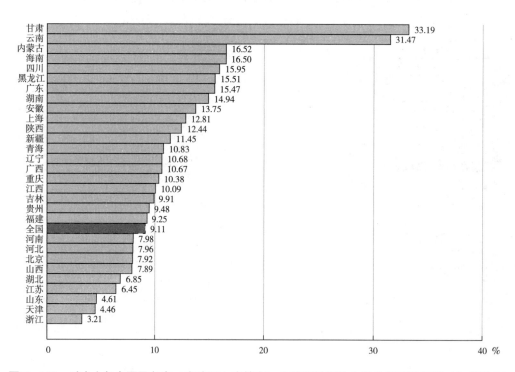

图 3 – 140 过去十年全国及各省（自治区、直辖市）生猪保险受益户单位保费受益额（加权平均）

4.14 奶牛

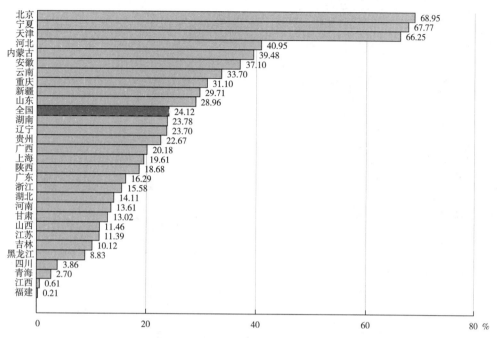

图 3 –141 全国及各省（自治区、直辖市）奶牛保险保障水平（2018）

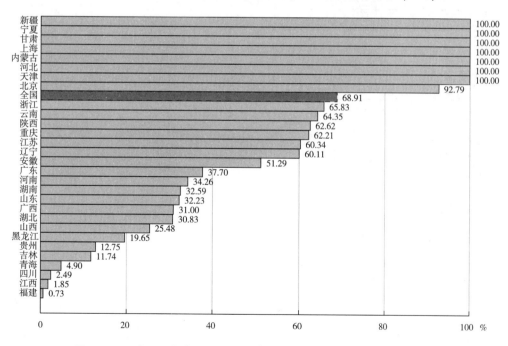

图 3 –142 全国及各省（自治区、直辖市）奶牛保险保障广度（2018）

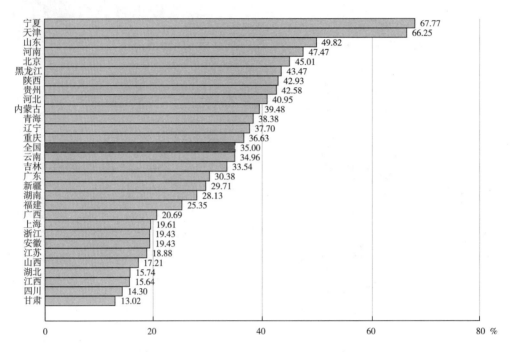

图 3 – 143　全国及各省（自治区、直辖市）奶牛保险保障深度（2018）

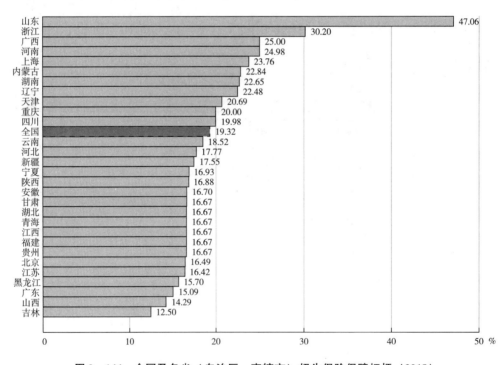

图 3 – 144　全国及各省（自治区、直辖市）奶牛保险保障杠杆（2018）

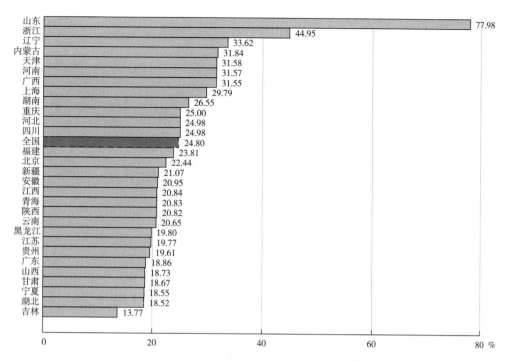

图 3 – 145　全国及各省（自治区、直辖市）奶牛保险政府杠杆（2018）

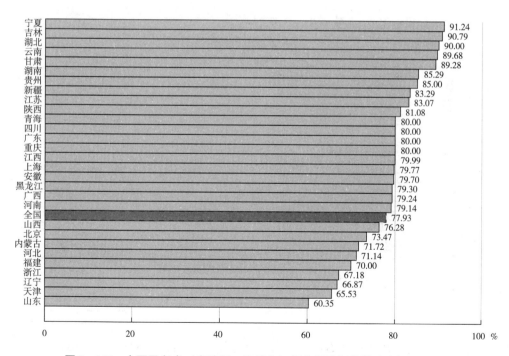

图 3 – 146　全国及各省（自治区、直辖市）奶牛保险保费补贴比例（2018）

219

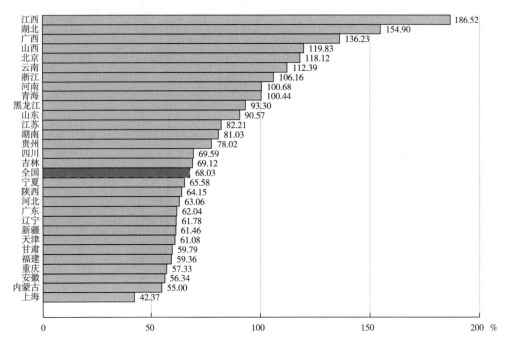

图 3 – 147 过去十年全国及各省（自治区、直辖市）奶牛保险简单赔付率（加权平均）

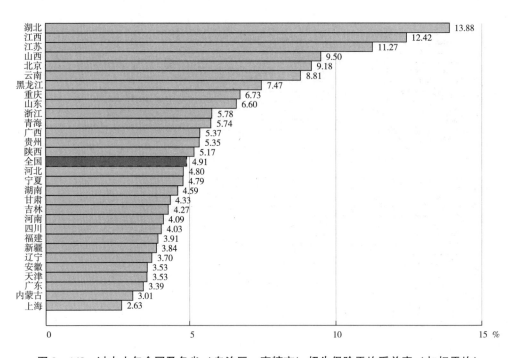

图 3 – 148 过去十年全国及各省（自治区、直辖市）奶牛保险平均受益率（加权平均）

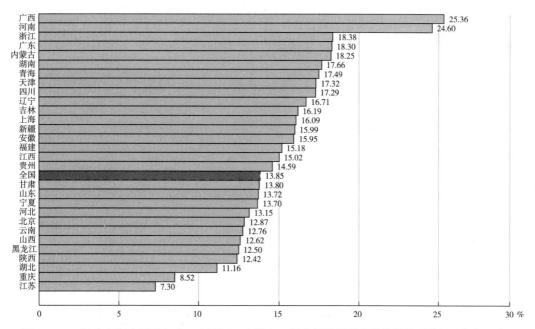

图 3-149　过去十年全国及各省（自治区、直辖市）奶牛保险受益户单位保费受益额（加权平均）

4.15　肉牛

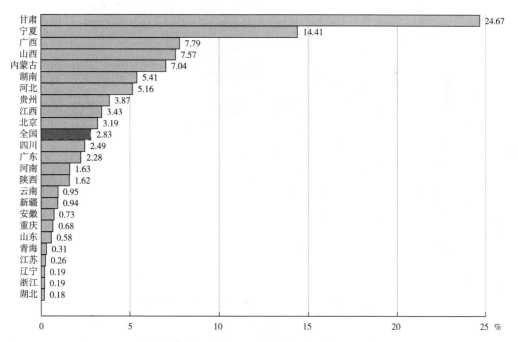

图 3-150　全国及各省（自治区、直辖市）肉牛保险保障水平（2018）

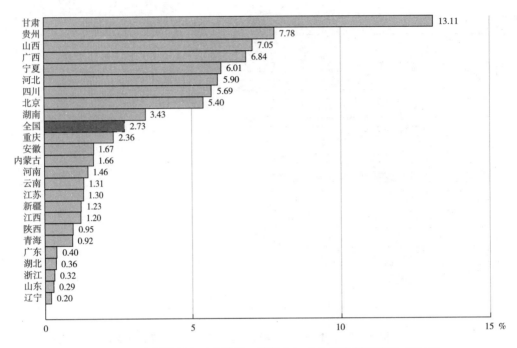

图3-151 全国及各省（自治区、直辖市）肉牛保险保障广度（2018）

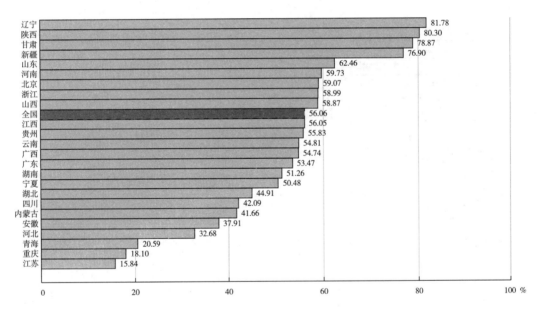

图3-152 全国及各省（自治区、直辖市）肉牛保险保障深度（2018）

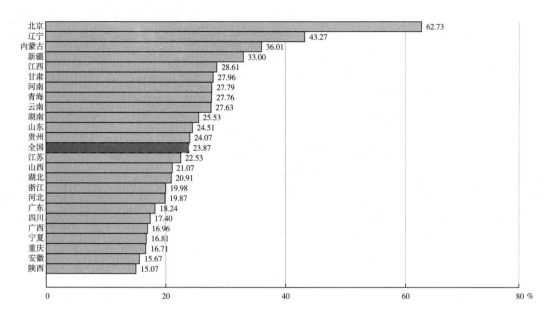

图 3-153　全国及各省（自治区、直辖市）肉牛保险保障杠杆（2018）

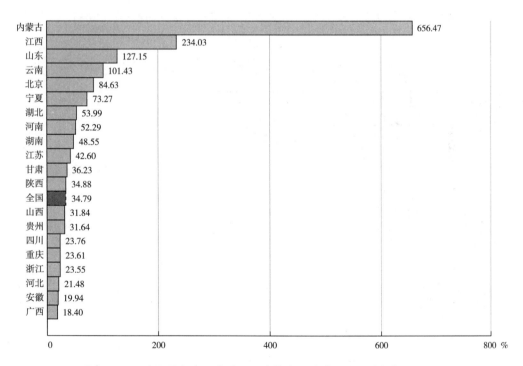

图 3-154　全国及各省（自治区、直辖市）肉牛保险政府杠杆（2018）

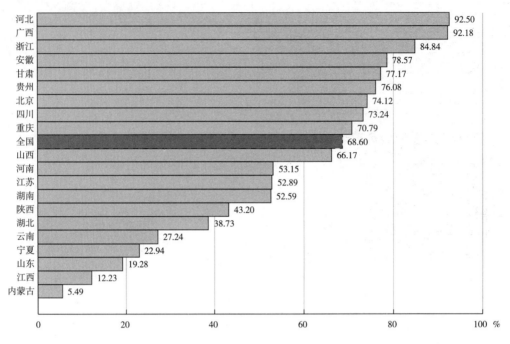

图 3 – 155　全国及各省（自治区、直辖市）肉牛保险保费补贴比例（2018）

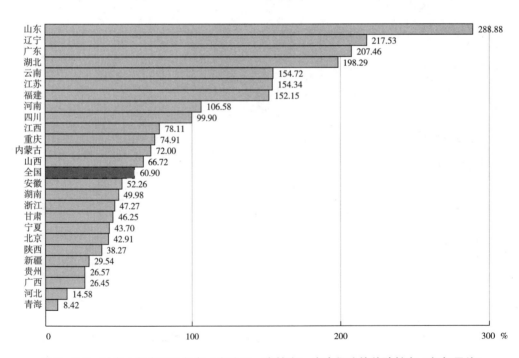

图 3 – 156　过去十年全国及各省（自治区、直辖市）肉牛保险简单赔付率（加权平均）

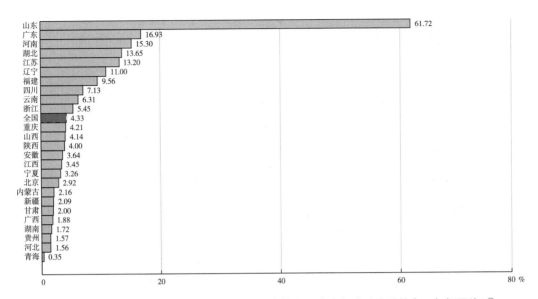

图 3 – 157 过去十年全国及各省（自治区、直辖市）肉牛保险平均受益率（加权平均)①

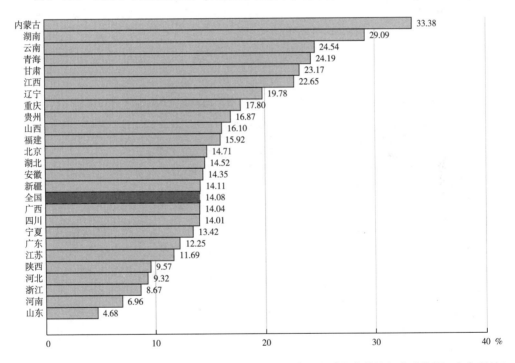

图 3 – 158 过去十年全国及各省（自治区、直辖市）肉牛保险受益户单位保费受益额（加权平均）

---

① 除四川外，其余省份肉牛保险数据均不足 10 年。

4.16 肉羊

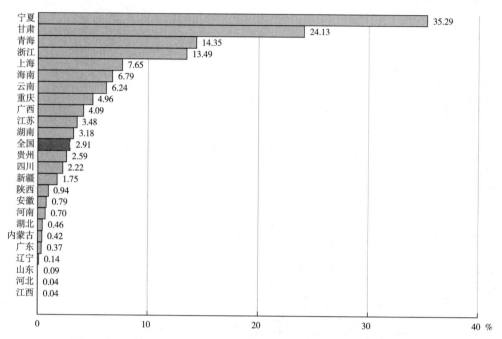

图 3 – 159 全国及各省（自治区、直辖市）肉羊保险保障水平（2018）

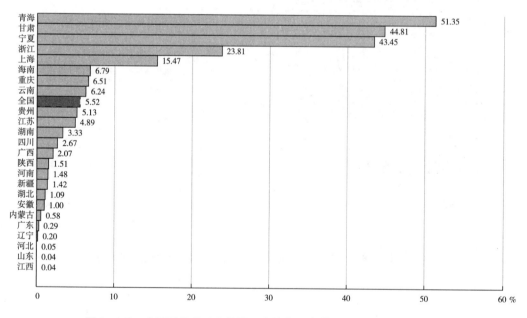

图 3 – 160 全国及各省（自治区、直辖市）肉羊保险保障广度（2018）

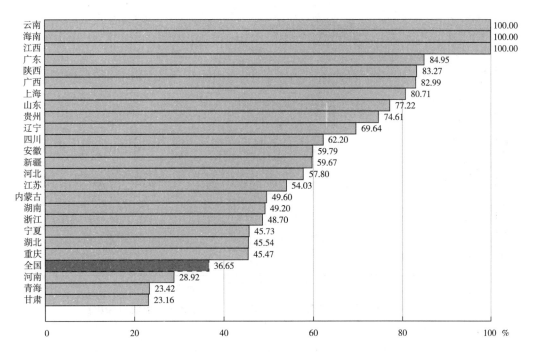

图 3-161 全国及各省（自治区、直辖市）肉羊保险保障深度（2018）

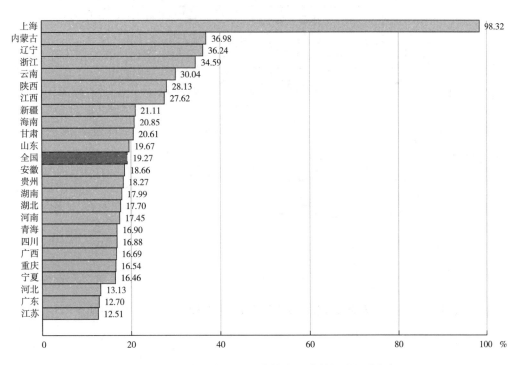

图 3-162 全国及各省（自治区、直辖市）肉羊保险保障杠杆（2018）

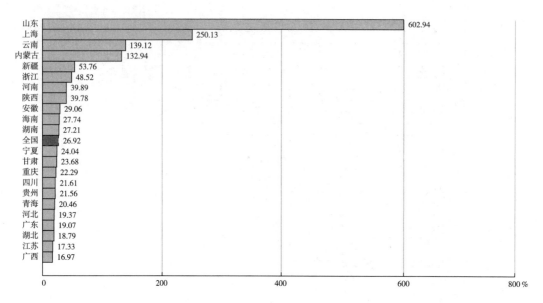

图 3-163　全国及各省（自治区、直辖市）肉羊保险政府杠杆（2018）

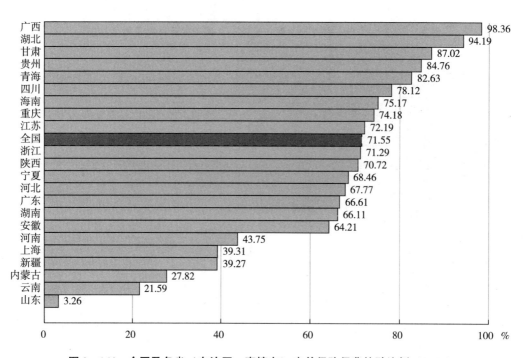

图 3-164　全国及各省（自治区、直辖市）肉羊保险保费补贴比例（2018）

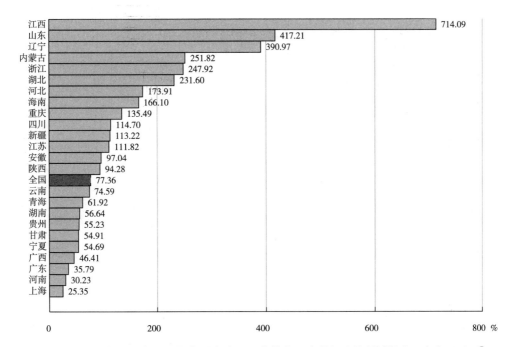

图 3 – 165 过去十年全国及各省（自治区、直辖市）肉羊保险简单赔付率（加权平均）①

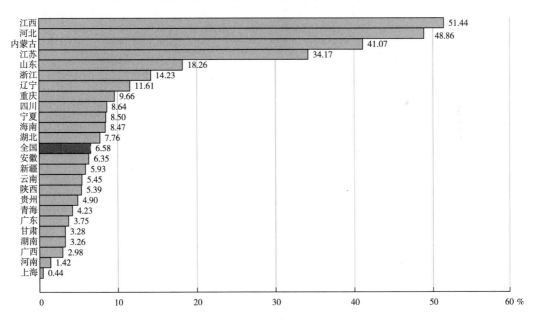

图 3 – 166 过去十年全国及各省（自治区、直辖市）肉羊保险平均受益率（加权平均）

---

① 除上海外，其余省份肉羊保险数据年限均不足 10 年。

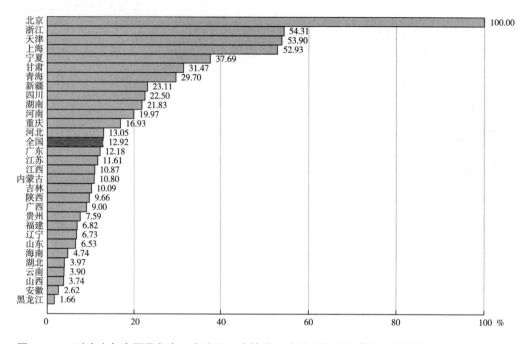

图3-167 过去十年全国及各省（自治区、直辖市）肉羊保险受益户单位保费受益额（加权平均）

参考文献

1. 柴智慧，王俊．中美畜牧业保险制度与实践概况比较及思考［J］．中国畜牧杂志，2016，52（06）：8－14.

2. 加拿大曼尼托巴省农业服务公司（MASC）年度报告《MASC Anuual Report 2014/2015》.

3. 龙文军．日本的农业保险［J］．农产品市场周刊，2013，（35）：55－58.

4. 土耳其农业保险联盟（TARSIM）报告《AGRICULTURAL INSURANCE POOL IN FIGURES》.

5. 王尔大 & 于洋，农户多保障水平下的作物保险支付意愿分析．农业经济问题，2010（7）：p.61－69.

6. 王克，何小伟，肖宇谷 & 张峭．农业保险保障水平的影响因素及提升策略．中国农村经济，2018（7）：p.34－45.

7. 王克．美国2018年农业法案中农业保险计划的动向和启示［N］．中国保险报，2019－01－09（004）.

8. 王克．加拿大农业支持政策和农业保险：发展和启示［J］．世界农业，2019（3）：56－62＋116.

9. 邢鹏等．"金砖三国"农业保险现状及其对中国的启示［J］．世界农业，2010，（9）：1－5.

10. 余洋，基于保障水平的农业保险保费补贴差异化政策研究．农业经济问题，2013（10）：p.29－35.

11. 张旭光，赵元凤．世界各国畜牧业保险制度的比较及启示［J］．中国畜牧杂志，2014，50（20）：18－22.

12. 张玉环．美国、日本和加拿大农业保险项目比较分析［J］．中国农村经济，2016（11）：82－90.

13. 中国农业保险保障水平研究课题组，中国农业保险保障水平研究报

告 . 2017，北京：中国金融出版社 .

14. 中原农业保险公司加拿大农业保险考察团 . 加拿大农业保险考察报告（下）[J]. 保险理论与实践，2016（8）：109 - 120.

15. 朱俊生，姜华，庹国柱，等 . 加拿大农业保险考察报告（中）[J]. 保险理论与实践，2016（7）：107 - 123.

16. 朱俊生 . 国外不同农业保险模式下巨灾风险分散制度及其比较[J]. 世界农业，2013（10）：6 - 10.

17. Fezoil Luz C. Decena. Agricultural Insurance in the Philippines. http：//ap. fftc. agnet. org/ap_db. php? id = 623，2016.

18. Fumihiro, K. Introduction to the Income Insurance System of Japan. Available at：http：//ap. fftc. agnet. org/ap_db. php? id = 827，2017.

19. Futoshi Okada. Sustainable Growth in Crop Natural Disaster Insurance：Experiences of Japan. Jeonju，Korea：In FFTC - RDA International Seminar on Implementing and Improving Crop Natural Disaster Insurance Program，2016.

20. Ker，A. P.，Barnett，B.，Jacques，D.，& Tolhurst，T. （2017）. Canadian Business Risk Management：Private Firms，Crown Corporations，and Public Institutions. Canadian Journal of Agricultural Economics - Revue Canadienne D Agroeconomie，65（4），591 - 612. doi：10. 1111/cjag. 12144.

21. Olivier Mahul，Charles J. Stutley. 《Government Support to Agricultural Insurance：Challenges and Options for Developing Countries》[R]. The World Bank，2008.

22. Reyes M. R. Review of Design and Implementation of the Agricultural Insurance Programs of the Philippine Corp Insurance Corporation. Discussion Paper Series No. 2015 - 07. Philippine Institute for Development Studies. Makati City，Philippines，2015.

23. Zulauf，C. "Assessingthe Pulse of the Next Farm Bill Debate. " farmdocdaily（7）：137，Department of Agricultural and Consumer Economics，University of Illinois at Urbana - Champaign，July 28，2017.